四部要籍選刊·經部

蔣鵬翔 主編

阮刻儀禮注疏

七

〔清〕阮元 校刻

浙江大學出版社

儀禮疏卷第四十

唐朝散大夫行大學博士弘文館學士臣賈公彦等撰

至于壙陳器于道東西北上統於壙【疏】至于至北上○注統于壙○釋曰自此盡拜送論至壙陳器及下棺訖送賓之事云統于壙者對廟中南上此則北上故云統于壙也

茵先入當藉柩也元士則葬用輁軸加茵焉【疏】茵先入○注當藉至茵焉○釋曰云當藉柩也者解茵先入之意以其茵入乃後屨引下棺於其上以須藉柩故茵先入入云元士則葬用輁軸加茵焉者元士謂天子之士葬時先以輁軸由羨道入乃加茵於其上乃下棺於中知元士葬用輁軸者檀弓云巂子蠲之喪哀公欲設撥注云撥可撥引輴車所謂紼問於有若有若曰其可也君之三臣猶設之顏柳曰天子龍輴而椁幬諸侯輴而設幬為榆沈故設撥三臣者廢輴而設撥竊禮之不中者也以此言之天子諸侯殯葬皆用輴朝廟用輴可知大夫雖殯葬不用輴朝廟亦用輴以其士殯葬不用輁軸朝廟得用之明大夫朝廟得用輴故上注云大夫諸侯以上有四周謂之輴以其大夫諸侯以上

有四周謂之輴以其大夫朝廟得用輴故言之也諸侯之大夫有三命再命一命殯葬不得用輴天子之元士亦三命再命一命葬得用輁軸者春秋之義王人雖微猶在諸侯之上明天子之士尊謂之爲元元者善之長故得用輁軸不與諸侯大夫同也

屬引於是說載除飾更屬引於緘耳古文屬爲燭

【疏】屬引○注於是至爲燭○釋曰云於是說載者謂柩車至壙解說去載與披及引之等除飾者解去帷荒池紐之等然後下棺云更屬引於緘耳者案喪大記云君窆以衡大夫士以咸鄭注云衡平也人君之喪又以木橫貫緘耳居旁持而平之今齊人謂棺束爲緘以此而言則棺束君三衽三束大夫士二衽二束束有前後於束末皆爲緘耳以紼貫結之而下棺人君又於橫木之上以屬紼也

主人袒衆主人西面北上婦人東面皆不哭侇羨道爲位

【疏】主人至不哭○注侇羨道爲位○釋曰主人袒者爲下棺變婦人不言北上亦如男子北上可知不哭者爲下棺宜靜云侇羨道爲位者羨道謂入壙道上無負土爲羨道天子曰隧塗上有負土爲隧僖二十五年晉文公請隧弗許是也

乃窆主人哭踊無筭窆下棺也今文窆爲封

〔疏〕乃窆至無筭○注窆下棺也○釋曰主人哭踊不言處還於壙東西面也云窆下棺者春秋謂之塴皆是下棺之名也

襲贈用制幣玄纁束拜稽顙踊如初丈八尺曰制二制合之束十制五合〔疏〕襲贈至如初○注丈八至五合○釋曰云丈八尺曰制者朝貢禮及巡狩禮皆有此文以丈八尺名爲制昏禮幣用二丈取成數凡禮幣皆用制者取以儉爲節聘禮云釋幣制玄纁束注云凡物十曰束玄纁之率玄居三纁居二此注云二制合之束十制五合者則每一端丈八尺二端爲一匹五匹合爲十制也

卒袒拜賓主婦亦拜賓即位拾踊三襲主婦拜賓拜女賓也即位反位〔疏〕卒袒至三襲○注主婦至反位○釋曰卒謂贈卒更袒拜賓云反位者各反羨道東西位其男賓在衆主人之南女賓在衆婦之南

賓出則拜送相問之賓也凡弔賓有五去皆拜之此舉中焉〔疏〕賓出則拜送○注相問至中焉○釋曰鄭知賓是相問之賓也凡弔賓有五此舉中者案雜記云相趨也出宮而退相揖也哀次而退相問也既封而退相見也反哭而退朋友虞祔而退注云此弔者恩薄厚去遲速之節也相趨謂

相問姓名來會喪事也相揖嘗會於他也相問嘗相惠遺也相見嘗執贄相見也以此而言此經既葬而退是相見問遺之賓舉中以見上下五者去即皆拜送可知

藏器於旁加見器用器役器也見棺飾也更謂之見者加此則棺柩不復見矣先言藏器乃云加見者器在見內也內之者明君子之於事終不自逸也檀弓曰有虞氏瓦棺夏后氏堲周殷人棺槨周人牆置翣

【疏】藏器於旁加見○注器用至置翣○釋曰云器用器役器也者用器即上弓矢耒耜之等役器即上甲冑干笮之屬此器中亦有樂器不言者省文知有用器役器者以下別云包筲之等則所藏者是此器也云見棺飾也者飾則帷荒以其與棺為飾是以喪大記云飾棺君龍帷黼荒大夫畫帷畫荒士布帷布荒注云飾棺者以華道路及壙中不欲衆惡其心也此柩入壙還以帷荒加於柩故鄭注云及壙中也云更謂之見者加此則棺柩不復見矣者以其唯見此帷荒故名帷荒為見是棺柩不復見也云先言藏器乃云加見者器在見內也內之者明君子之於事終不自逸也者以用器役器近身陳之是不自逸也引檀弓者若見帷荒在柩外周人名為牆若牆屋然其外又置翣為飾也

藏苞筲於旁於旁者在見外也不言甕甒饌相次可知四者兩兩而居

喪大記曰棺椁之閒君容柷大夫容壺士容甒〔疏〕藏包筲於旁○注於旁至容甒○釋曰云於旁者在見外也者以其加見乃云藏包筲故知見外也云不言甕甒饌相次可知者以其陳器之法後陳者先用甕甒後用包筲包筲藏明甕甒先藏可知故云相次可知云四者兩兩而居者謂包筲居一旁甕甒居一旁故云兩兩而居也引喪大記者欲見椁內棺外所容寬狹得容器物之意也

加折卻之加抗席覆之加抗木

宜次也〔疏〕加折至抗木○注宜次也○釋曰云宜次也者宜謂折上陳之美面鄉上今用即美面鄉下抗席又覆之又折宜承席席宜承木皆是其宜也次者木則先陳後用席則後陳先用是其次也

實土三主人拜鄉人

謝其勤勞〔疏〕實土至鄉人○注謝其勤勞○釋曰案雜記云鄉人五十者從反哭四十者待盈坎注云非鄉人則少長皆反以此而言於時主人未反哭鄉人並在故今至實土三徧主人拜謝之謝其勤勞勤勞者謂在道助執紼在壙助下棺及實土也

即位踊襲如初

哀親之在斯〔疏〕即位踊襲如初○注哀親之在斯○釋曰謂既拜鄉人乃於羨道東即位踊無筭如初也云哀親之在斯者以親之在斯

故哀號甚踊無筭

乃反哭入升自西階東面衆主人堂下東面北上西階東面反諸其所作也反哭者於其祖廟不於阼階西面西方神位

疏乃反至北上○注西階至神位○釋曰自此盡門外拜稽顙論主人反哭賓弔之事反哭者拜鄉人訖反還家哭於廟入升西階東面哭云西階東面反諸其所作也者案檀弓云反哭升堂反諸其所作也注云親所行禮之處是也云反哭者於其祖廟者謂下士祖禰共廟故下經賓出主人送于門外遂適于殯宮適士二廟者自殯宮先朝禰後朝祖今反哭則先於祖後于禰遂適殯宮也案春秋僖八年經書用致夫人左氏云凡夫人不殯於廟者春秋之世多行殷法不與禮合也云不於阼階西面西方神位者以特牲少牢主人行事升降皆由阼階今不於阼階故決之以西方神位知者特牲少牢皆布席于奥殯又在西階是西方神位主人非行事直哭而已故就神位

婦人入丈夫踊

升自阼階辟主人也

疏婦人至阼階○注辟主人也○釋曰反哭之禮主人男子等先入主婦婦人等後入故婦人入丈夫在位者皆踊婦人不升西階者由主人在西階故鄭云辟主人

主婦入

于室踊出即位及丈夫拾踊三入于室反諸其所養也出即位堂上西面也拾更也【疏】主婦至踊三○注入于至更也○釋曰案檀弓云主婦入于室反諸其所養也鄭注云親所饋食之處但主人既在西階親所行禮之處以婦人無外事故於饋食之處哭也云出即位堂上西面也者自小斂奉尸夷于堂已後主婦等位皆在阼階上西面是以知出即位者阼階上西面也云拾更也者凡成踊而拾皆主人踊主婦人踊賓乃踊故云更也

賓弔者升自西階曰如之何主人拜稽顙賓弔者衆賓之長也反而亡焉失之矣於是爲甚故弔之弔者北面主人拜於位不北面拜賓東者以其亦主人位也今文無曰【疏】賓弔至稽顙○注賓弔至無曰○釋曰知賓弔是衆賓之長者以其弔賓皆在堂下今升堂釋詞故知賓中爲首者賓之長也云反而亡焉失之矣於是爲甚者亦檀弓文引之證周人反哭而弔哀之甚也云弔者北面者以經云賓弔者升自西階即云曰如之何不見弔者改面之文明升堂北面可知云主人拜于位者拜于西階上東面位知者以其上經主人升自西階東面故知仍東面位也云不北面拜賓東者以其亦主人位也者鄉飲酒

鄉射主人酬賓皆於賓東主人位特牲少牢助祭之賓主人皆拜送于西階東面故於東面不移以其亦主人位故也

賓降出主人送于門外拜稽顙賓降至稽顙○釋曰此於雜記五賓當相見之賓故鄭上注云舉中焉明五賓皆依節而弔也

遂適殯宮皆如啓位拾踊三啓位婦人入升堂丈夫即中庭之位

疏遂適至踊三○注啓位至即位○釋曰案上喪禮朝夕哭位云婦人即位于堂南上主人堂下直東序西面啓殯時云主人位如初又云主人入即位則此主啓位婦人亦即位于堂東面主人即位于堂下直東序西面直東序西面即中庭位也

兄弟出主人拜送兄弟小功以下也異門大功亦可以歸

疏兄弟至拜送○注兄弟至以歸○釋曰丈夫婦人在殯宮拾踊既訖兄弟入門者出主人拜而送之知兄弟小功以下也者此兄弟等始死之時皆來臨喪殯訖各歸其家朝夕哭則就殯所至葬開殯而來喪所至此反哭亦各歸其家至虞卒祭還來預焉故喪服小記云緦小功虞卒哭則皆免是也云異門大功亦可以歸者大功以上有同財之義爲異門則恩輕故可歸也

衆主人出門哭止

闔門主人揖衆主人乃就次次倚廬也疏衆主至就次。注次倚廬也。釋曰云衆主人出門者則主人拜送兄弟因在門外云闔門者鬼神尚幽闇云次倚廬也者以未虞以前仍依於初東壁下倚木爲廬齊衰居堊室大功張幃喪服傳云既虞柱楣翦屏此直云倚廬據主人斬衰者而言

猶朝夕哭不奠是日也以虞易奠疏猶朝夕哭不奠。注是日至易奠。釋曰自啓殯已來常奠今反哭至殯宮猶朝夕哭如前不奠耳檀弓云葬日虞弗忍一日離也是日也以虞易奠故不奠也

三虞虞喪祭名虞安也骨肉歸於土精氣無所不之孝子爲其彷徨三祭以安之朝葬日中而虞不忍一日離疏三虞。注虞喪至日離。釋曰云虞喪祭名日中而虞不忍一日離皆檀弓文案彼云葬日虞弗忍一日離也又云卒哭曰成事是日也以吉祭易喪祭喪祭則三虞也云虞安也者主人孝子葬之時送形而往迎魂而返恐魂神不安故設三虞以安之云骨肉歸于土精氣無所不之者案檀弓云延陵季子葬其長子於嬴博之閒既窆左袒右還其封云骨肉歸復于土命也若魂氣則無不之。是其骨肉歸于土精氣無所不之之事言此者欲見迎魂而返以虞祭安之是以鄭云孝

子爲其彷徨三祭以安之云朝葬日中而虞即檀弓所云葬日虞弗忍一日離又下士虞記亦云日中而行事是也卒哭卒哭三虞之後祭名始朝夕之閒哀至則哭至此祭止也朝夕哭而已疏卒哭○注卒哭至而已○釋曰云卒哭三虞之後祭名者三虞者再虞用柔日後虞改用剛日又隔柔日卒哭用剛日故云卒哭三虞之後祭名也云始朝夕之閒哀至則哭至此祭止也者始死主人哭不絕聲小斂之後以親代哭亦不絕聲至殯後主人在廬廬中思憶則哭又有朝夕於阼階下哭至此爲卒哭祭唯有朝夕哭而已言其哀殺也然則喪有三無時哭者始死至殯哭不絕聲一無時既殯廬中思憶則哭二無時卒哭祭後唯有朝夕哭爲有時至練祭之後又止朝夕哭唯有堊室之中或十日或五日一哭通前爲三無時之哭也是以檀弓云哭無時使必知其反也是據練後哭無時也明日以其班祔班次也祔卒哭之明日祭名祔猶屬也祭昭穆之次而屬之今文班爲胖疏明日以其班祔○注班次至爲胖○釋曰云班次也者謂昭穆之次第云祔卒哭之明日祭名者以卒哭用剛日祔用柔日是以下士虞記云卒哭祭即云明日以其班祔故云卒哭之明日祭名云祔猶屬也祭昭穆之次而屬之者以其孫祔於祖孫與祖昭

穆同故以孫連屬於祖而就祖而祭之也

記（疏）記○釋曰凡記者皆是經不具記之使充經文理備足也

士處適寢寢東首于北墉下將有疾乃寢於適室今文處爲居于爲於（疏）士處至墉下○注將有至爲於○釋曰云將有疾乃寢於適室者以士喪篇首云士死于適室此記云適寢者適室一也故互見其文若不疾則在燕寢將有疾乃寢臥于適室故變室爲寢也云東首者鄉生氣之所云墉下者墉謂之牆喪大記謂之北北牖下必在北墉下亦取十一月一陽生於北生氣之始故也士喪禮論其死事故不云疾此記人記其不備凡人死皆因疾故記其疾之所在也

有疾疾者齊正情性也適寢者不齊不居其室（疏）有疾疾者齊○注正情至其室○釋曰云有疾者既有疾當齊戒正情性故也云適寢者不齊不居其室者案鄉黨孔子齊居必遷坐又祭義云致齊於內散齊於外皆在適寢但散齊得鄉外故云於外耳是其齊居適寢也

養者皆齊憂也（疏）養者皆齊○注憂也○釋曰案曲禮云父母有疾冠者不櫛行不翔笑不至矧怒不至詈不飲酒食肉疾止復故男女養疾皆齊戒正情性也

徹琴瑟去樂（疏）徹琴瑟○注去樂○釋曰

君子無大故琴瑟不離其側今以父母有疾憂不在于樂故去之案喪大記云疾病內外皆埽君大夫徹縣士去琴瑟注云凡樂器天子宮縣諸侯軒縣大夫判縣士特縣去琴瑟者不命之士亦謂子男之士不命者也

疾病外內皆埽為有賓客來問也疾甚曰病

疏疾病。外內皆埽。注為有至曰病。釋曰云疾甚曰病者則外內皆埽為賓客來問疾自絜清也

徹褻衣加新衣故衣垢汙為來人穢惡之

疏徹褻衣加新衣。注故衣至惡之。釋曰此文承疾病者及養病者則徹褻衣據死者而言則生者亦去故衣服新衣矣徹褻衣謂故玄端已有垢汙故來人穢惡是以徹去之加新衣者謂更加新朝服喪大記亦云徹褻衣加新衣鄭注云徹褻衣則所加者新朝服矣互言之也加朝服者明其終於正也互者褻衣是玄端新衣是朝服朝服言新則褻衣是故玄端言褻朝服是絜不褻矣各舉一邊而言明皆有兼也必知褻衣是玄端新衣是朝服者案司服士之齊服玄端則疾者與養疾者皆齊明服玄端矣檀弓云始死羔裘玄冠者易之而已羔裘玄冠即朝服故知臨死所著新衣則朝服也故鄭云終於正也

御者四人皆坐持體為不能自轉側御者今時侍從之人

疏

御者至持體○注爲不至之人○釋曰案喪大記云體一人注云爲其不能自伸屈也若然四體各一人亦爲不能自轉側詩云輾轉反側據身云不能自屈伸據手足二文相兼乃具云御者今時侍從之人者士雖無臣亦有侍御僕從之人終於其手也

屬纊以俟絶氣有其氣微難節也纊新絮〈疏〉屬纊以俟絶氣○注有其至新絮○釋曰案喪大記注云纊今之新緜易動搖置口鼻之上以爲候亦二注相兼乃具云纊新絮即新緜禹貢豫州貢纖纊明纊新緜也

男子不絶於婦人之手婦人不絶於男子之手備褻〈疏〉男子至之手○注備褻○釋曰案喪大記注云君子重終爲其相褻若然疾時使御者持體幷死于其手若婦人則内御者持體還死于其手故喪大記云其母之喪則内御者抗衾而浴僖三十三年冬公薨于小寢左氏傳曰即安○服注云小寢夫人寢也禮男子不絶于婦人之手今僖公薨于小寢譏其近女室是男子不絶于婦人之手備褻也

乃行禱于五祀盡孝子之情五祀博言之士二祀曰門曰行〈疏〉乃行禱于五祀○注盡孝至曰行○釋曰云盡孝子之情者死期已至必不可求生但盡孝子之情故乃行禱

五祀望祐助病者使之不死也云五祀博言之士二祀曰門曰行者祭法文今禱五祀是廣博言之望助之者衆其言五祀則與諸侯五祀同則祭法云諸侯五祀是也**乃卒**卒終也　疏　乃卒○注卒終也○釋曰自此盡遷尸論上篇始死遷尸於南牖之事曲禮與爾雅皆云大夫曰卒士曰不祿今士不言不祿而云卒者義取君子曰終小人曰死故鄭云卒終也美言之使與大夫同稱也**主人啼兄弟哭**哀有甚有否於是始去笄纚服深衣檀弓曰始死羔裘玄冠者易之　疏　主人啼兄弟哭○注哀有至易之○釋曰云哀有甚有否者啼即泣也檀弓云高柴泣血三年注云言泣無聲如血出則啼是哀之甚發聲則氣竭而息之聲不委曲若往而不反對齊衰以下直哭無啼是其否也知於是始去笄纚服深衣者禮記問喪云親始死雞斯徒跣扱上衽注云雞斯當爲笄纚上衽深衣之裳前是其親始死笄纚服深衣也引檀弓者證服深衣易去朝服之事也**設牀第當牖衽下莞上簟設枕**病卒之閒廢牀至是設之事相變衽臥席古文簟爲茵　疏　設牀至設枕○注病卒至爲茵○釋曰經直云士死于適室幠用斂衾不云此等之事故記人言之也云病卒之閒廢牀至是設之

者喪大記云疾病寢東首於北牖下廢牀是其始死亦因在地無牀復而不蘇乃設牀於南牖下有枕席是病卒之閒廢牀於是設之云事相變者謂疾病時去牀既死設牀是生死事相變也衽臥席者曲禮云請席何鄉請衽何趾鄭云坐問鄉臥問趾因於陰陽是衽爲臥席也臥席昏禮注云衽臥席也

遷尸從於牖下也於是幠用斂衾〔疏〕遷尸○注從於至斂衾○釋曰云從於牖下者即上文牀第當牖者也於是幠用斂衾者釋士喪禮幠用斂衾之時節也

復者朝服左執領右執要招而左衣朝服服未可以變〔疏〕復者至而左○注衣朝至以變○釋曰云招而左者以左手執領還以左手以領招之必用左者招䰟所以求生左陽陽主生故用左也復者士之有司著朝服左執領謂爵弁服也云衣朝服服未可以變者謂始死未可以變之服凶服以其復所以求生故也喪大記小臣復復者朝服彼言小臣據君則上下尊卑復者皆朝服也

楔貌如軛上兩末事便也今文軛作厄〔疏〕楔貌至兩末○注事便至作厄○釋曰云如軛者軛謂馬鞅軛馬領亦上兩末令以屈處入口取出時易故鄭云事便也此用柶䂓於吉時所用也

綴足用燕几校

在南御者坐持之校脛也尸南首几脛在南以拘足則不得辟戾矣古文校爲枝

疏綴足至持之○注校脛至爲枝○釋曰云几脛在南以拘足則不得辟戾矣者古者凡兩頭各施兩足今以夾則竪用之尸南首足鄉北故以几脚鄉南以夾足恐几歁側故使生存侍御者一人坐持夾之使足不辟戾可以著屨也

即牀而奠當腢用吉器若醴若酒無巾柶腢肩頭也用吉器器未變也或卒無醴用新酒

疏即牀至巾柶○注腢肩至新酒○釋曰即就也謂就尸牀而設之尸南首則在牀東當尸肩頭也此即檀弓云始死之奠其餘閣也與云用吉器器未變也者謂未忍異於生故未變至小斂奠則變毼豆之等爲變矣云或卒無醴用新酒者釋經若醴若酒科有其一不得並有之事以其始死卒未有醴則用新酒若然醴酒俱有容有醴則用之不更用酒以其始死不備故也若小斂以後則酒醴具設甒二醴酒是也

赴曰君之臣某死赴母妻長子則曰君之臣某之某死赴走告也今文赴作訃

疏赴曰至某死○注赴走至作訃○釋曰云母妻長子則曰君之

臣某之某死者上某是士名下某是母妻長子假令長子則云長子某甲母妻則婦人不以名行直云母與妻也云赴走告也者言赴取急疾之意故云赴走告也云今文赴作訃者雜記作訃者義取以言語相通亦一塗也

室中唯主人主婦坐兄弟有命夫命婦在焉亦坐

別尊卑也。疏 室中至亦坐○注別尊卑也○釋曰云兄弟有命夫命婦在焉亦坐者若無命夫命婦則皆立可知此士喪禮故鄭云別尊卑也尊謂命夫命婦案大記君之喪主人主婦坐以外皆立若大夫喪主人主婦命夫命婦皆坐以外皆立也士之喪主人父兄主婦姑姊妹皆坐鄭云士賤同宗尊卑皆坐此命夫命婦之外立而不坐者此謂有命夫命婦來兄弟爲士者則立若命夫命婦則同宗皆坐也

尸在室有君命衆主人不出

不二主。疏 尸在至不出○注不二主○釋曰經直云主人唯君命出不言衆主人故記人辨之云衆主人不出在尸東耳云不二主者曾子問云喪有二孤廟有二主爲非禮不云不二孤而云不二主者彼廟主與喪孤相對此孤不對廟主孤亦是喪主故以主言之也

襚者委衣于牀不坐

牀高由便

疏 襚者至不坐○注牀高由便○釋曰云牀高由便者由禮云授立不跪授坐不立此委衣於牀者不坐委之以牀高亦如授立不坐之義故云由便也 其襚于室戶西北面致命始死時也 疏 其襚至致命○注始死時也○釋曰云始死時者謂未小斂之前尸在室中戶西故北面致命若小斂之後奉尸夷於堂則中庭北面致命 夏祝淅米差盛之差擇之 疏 夏祝至盛之○注差擇之○釋曰經直云祝淅米于堂南面用盆不言夏與盛之故記人言之 御者四人抗衾而浴襢第抗衾爲其倮裎蔽之也襢袒也袒簀去席盝水便 其母之喪則內御者浴鬠無笄內御女御也無笄猶丈夫之不冠也 疏 注內御至冠也○釋曰云內御女御者以婦人稱內故以女御爲內御婦人不死男子之手故知內御女御也天子八十一御妻亦曰女御與此別也云無笄猶丈夫之不冠也者喪服小記云男子冠而婦人笄士喪禮男子免不冠此云婦人不笄與男子不冠同故云猶丈夫不冠也 設明衣婦人則設中帶中帶若今之禪襂 疏

設明至中帶○注中帶至禪襂○釋曰經直云設明衣不辨男子與婦人故此記人云設明衣者男子其婦人則設中帶鄭云中帶若今禪襂者鄭舉目驗而言但男子明衣之狀鄭不明言亦當與中帶相類有不同之處故別雖名中帶亦號明衣取其圭絜也

卒洗貝反于笄實貝柱右顛左顛象齒堅疏卒洗至左顛○注象齒堅○釋曰經直云實貝於尸左右及中不言遠近故記人辨之云右顛左顛謂牙兩畔最長者象生時齒堅也

夏祝徹餘飯徹去鬻疏夏祝徹餘飯○釋曰經不言夏祝徹故記人記之

瑱塞耳塞充窒疏瑱塞耳○釋曰經直云瑱用白纊用掩之不云塞耳恐同生人縣于耳旁故記人言之也

掘坎南順廣尺輪二尺深三尺南其壤南順統於堂輪從也今文掘爲坅也疏掘坎至其壤○釋曰經直云匈人掘坎于階間不辨大小故記人明之

甃用塊塊塭也古文甃爲役疏注塊塭也○釋曰云塊塭者爾雅釋言文孫氏云塭土塊也

明衣裳用幕布袂屬幅長下膝幕布帷幕之布

外數未聞也屬幅不削幅也長下膝又有裳於蔽下體深也【疏】明衣至下膝○注幕布明衣至深也○釋曰云明衣裳用幕布則衣裳同用幕布云袂屬幅長下膝者唯據衣而言以其下別云裳故也云幕布者周禮幕人云掌帷幕幄帟綬鄭云帷幕皆以布爲之幄帟皆以繒爲之以其帷幕所以張之於外恐不相勝舉故須用布鄭亦取此文用幕布爲義也故此云帷幕之布云外數未聞者以其不云疏布直云幕布故云未聞也云屬幅不削幅者布幅二尺二寸凡用布皆削去邊幅旁一寸爲二寸計之則此不削幅謂繚使相著還以袂二尺二寸云長下膝者謂爲此衣長至膝下云又有裳於蔽下體深者凡平爲衣以其有裳故不至膝下此又有裳而言膝下故云於蔽下體深也蔽下體解此經衣至膝下也

有前後裳不辟長及轂

不辟質也轂足跗也凡他服短無見膚長無被土【疏】有前至及轂○注不辟至被土○釋曰云不辟質也者以其凡男子裳不連衣故皆前三幅後四幅辟積其要閒示文今此亦前三後四不辟積者以其一服不動不假上狹下寬也云凡他服短無見膚長無被土者他服謂深衣深衣云短毋見膚注云衣取蔽形又云長無被土注云爲汙辱是也此裳及轂至足跗亦是不被土故引爲證也

纁

綼緆一染謂之縓今紅也飾裳在幅曰綼在下曰緆〔疏〕縓綼緆○注一染至曰緆○釋曰云一染謂之縓者爾雅文謂一入赤汁染之卽漢時紅故舉以爲況也云飾裳在幅曰綼者案深衣云純袂緣純邊注云純謂緣之也緣邊衣裳之側廣各寸半則表裏共三寸矣此在幅亦衣裳之側緣法如彼也

緇純七入爲緇緇黑也飾衣曰純謂領與袂衣以緇裳以縓象天地也

設握裏親膚繫鉤中指結于掔掔掌後節中也手無決者以握繫一端繞掔還從上自貫反與其一端結之〔疏〕設握注于掔○注掔掌至結之○釋曰手無決者以其經已云設握麗于掔與決連結據右手有決者不言左手無決者故記之云以握繫一端繞掔還從上自貫反與其一端結之者案上文握手用玄纁裏長尺二寸今裏親膚據從手內置之長尺二寸中掩之手纔相對也兩端各有繫先以一端繞掔一帀還從上自貫又以一端鄉上鉤中指反與繞掔者結於掌後節中

甸人築坅坎築實土其中堅之穿坎之名一曰坅〔疏〕甸人築坅坎○注築實至曰坅○釋曰經直云甸人掘坎不云還使甸人築故記人明之還使甸人築之也

隸人涅廁隸人罪人也今之徒

役作者也涅塞也爲人復往褻之又亦鬼神不用〔疏〕隷人涅廁○注隷人至不用○釋曰知隷人罪人若案周禮司厲職云其奴男子入於罪隷則中國罪人對夷隷蠻隷貉隷之等是征四夷所得也故鄭舉漢法今之徒役作者也云爲人復往褻之又亦鬼神不用者若然古者非直不共偪浴亦不共廁故得云死者不用也

既襲宵爲燎于中庭 宵夜〔疏〕既襲至中庭○釋曰士之喪死日而襲經不云中庭設燎故記明之也

厥明滅燎陳衣 記節〔疏〕厥明滅燎陳衣○注記節○釋曰云記節者爲小斂陳衣當襲之明旦滅燎之時故記節正經不云故記人以明之也

凡絞紟用布倫如朝服 凡凡小斂大斂也倫比也今文無紟古文倫爲輪〔疏〕凡絞至朝服○注凡凡至爲輪○釋曰言凡非一之言以其唯小斂至大斂有絞大斂又有紟故知凡中有大小斂也言類如朝服者雜記云朝服十五升是也

儀禮疏卷第四十

儀禮注疏卷四十挍勘記　阮元撰盧宣旬摘錄

茵先入

大夫諸侯以上有四周謂之輴以其十四字此本要義俱複出案疏文亢蔓多類此似非刊本誤衍

屬引

大夫士以咸○陳閩監本通解要義同毛本楊氏咸作緘按喪大記經文作咸

襚贈用制幣

以丈八尺名爲制要義同毛本通解無名字

卒祖拜賓

反位毛本位下有也字徐本楊敖俱無與疏合集釋有案注末楊敖俱有拾更也三字浦鏜說見後

賓出則拜送

謂相聞姓名　通解要義同毛本聞作問○按雜記下作聞

甒器於旁

檀弓曰有虞氏之瓦棺夏后氏塈周殷人棺槨周人牆置翣　徐本集釋敖氏俱如是通解刪有虞至棺槨十五字毛本因之盧文弨云陸氏爲塈周作音則有者是

其外又置翣爲飾也　陳本通解要義同毛本又作反按又是也

藏苞筲於旁　苞監本誤從竹

君答祝　徐本要義楊氏同毛本釋文通典集釋通解敖氏祝俱作柷

後陳者先用甕甒　楊氏同毛本通解要義俱重出先用二字

引喪大記者　通解要義同毛本引作云

乃反哭入　盧文弨云士虞禮注引下有門字

入升西階　毛本升下有自字

反哭升堂　通解要義同毛本升作於○按檀弓下作升

今不於阼階　陳閩監本通解同毛本於作由要義作以

殯又在西階　陳閩俱無西字

婦人入大夫踊　徐本同毛本集釋通解楊敖大俱作丈張氏曰監本大作丈當從監本

主婦入于室

拾更也　浦鏜云三字儀禮圖集說皆在前卒袒拜賓節下今案釋文次第當在此

親所饋食之處　要義同毛本通解處下有哭也二字○按通解以意增檀弓注無哭也二字

主婦人踊　毛本通解無人字

賓幣者

今文無曰 徐本集釋同毛本通解作古文無曰字

以其上經 通解要義同毛本經下有云字

故知仍東面位也 陳本通解要義同毛本仍作乃

遂適殯宫

則此主啓位 要義同毛本通解主作如

婦人亦即位于堂東面 陳本通解要義同毛本東下有西字閩本西字擠入

兄弟出

至虞卒祭 要義同毛本通解楊氏卒下有哭字

衆主人出門哭止

因在門外陳本通解要義同毛本在作依○案在是

既虞柱楣前屏浦鏜云翦誤前

三虞

若䰟氣則無不之毛本之下有也字

明日以其班祔

而屬之今文班爲胖下五字毛本俱脫徐本集釋俱有與單疏標目合

記士處適寢

必在北墉下必閩本重脩監本俱作此墉要義作牖

生氣之始故也毛本氣誤作器無故字通解要義俱有

養者皆齊

憂也通解無此注

疾病外内皆埽毛本外内作内外唐石經徐陳閩葛集釋通解要義楊敖俱倒與單疏標目合石經考文提要云疏作外内與禮記喪大記文同

徹褻衣

新衣是朝服朝服言新朝服二字毛本不重出

羔裘元冠卽朝服卽通解要義俱作則

御者四人

今時侍從之人侍徐陳閩葛集釋通解楊敖俱作待與單疏述注合毛本作待

男女改服此節經注唐石經及徐本集釋敖氏俱無通解楊氏毛本俱有石經攷文提要云此因通解而誤蓋通解於士喪禮雜附本經記及喪大記之文此節乃喪大記誤入儀禮又此記五節與喪大記同鄭兩注各異獨此節注

不異明係移彼注此又因與士喪禮不合妄改庶人爲主人又彼注上文有新朝服故曰亦朝服此上文無朝服字何以云亦足證彝人盧文弨云通解庶字尚未改○按改庶人爲主人自楊氏始

屬纊以俟絶氣

有其氣微難節也 嚴本同毛本有作爲

男子不絶於婦人之手

若婦人則内御者持體還死於其手 陳閩俱無此十四字

卽安服注云 毛本服作也通解也服二字竝有金曰追云首何雖與杜注不殊而禮男子以下二十二字全非杜注則其爲服氏注無疑

乃行禱于五祀 五陳閩葛本俱作伍

乃卒

士曰不祿 通解同毛本無曰字案有曰字與曲禮合

主人啼 張氏曰釋文云諦大兮反從釋文○按今本釋文仍作啼玩大兮之音乃讀諦爲啼也若本是啼不須作音

於是始去笄纚 徐本與單疏述注合集釋通解楊氏毛本去下有冠而二字

卸於是始去笄纚 毛本去下有冠而二字

笄纚服深衣也 通解同毛本笄作雞

設牀第

寢東首於北牖下 陳閩同毛本通解牖作墉

楔貌如軛

軛謂馬鞅軛馬領 毛本通解謂下有如字

此用柶 陳本同毛本用作角

綴足用燕几

今以夾則蹙用之 毛本通解以作則則作以

赴曰君之臣某死

上某是士名 陳閩通解同毛本士作書○按士是也

則云長子某甲母妻 甲陳本通解俱作甲屬上句是也毛本作若

室中唯主人主婦坐

此士喪禮 毛本喪作之陳閩監本通解要義俱作喪案喪字是

若命夫命婦也 要義同毛本通解若下有無字按毛本是

其襚

奉尸夷於堂則　陳本通解同毛本夷作侇則作前○按當作則屬下句

御者四人

爲其倮裎　徐本通解俱作倮程集釋敖氏毛本俱作裸裎張氏士喪禮識誤云既夕禮謂其倮裎監本亦作裎○按張氏以爲爲謂

盝音祿　此本徐本集釋俱無此三字毛本有葛本通解俱於盝上加圈

其母之喪

周禮九嬪注云　此本無此六字毛本在女御女之下

設明衣

中帶若今之褌襂　若通解作者褌徐本作褌與單疏標目合釋文集釋通解敖氏毛本俱作㡓陸氏曰褌音昆

注中帶至禪襂毛本禪作褌下同通解要義載下疏亦作禪案通解於注作褌於疏作禪蓋朱時注疏別行黃氏各據本文未暇畫一

明衣裳用幕布

謂繚使相著謂繚聶氏作但繚之

還以袂二尺二寸陳閩以俱作一聶氏作爲二尺二寸

凡平爲衣毛本通解無平字

有前後裳

不辟質也質徐本通典通解楊氏俱作質與單疏述注合集釋毛本作積下同

短無見膚長無被土兩無字釋文俱作不集釋上作不下作無

云不辟質也者毛本質作積

縓綼緆

純衣緣純邊毛本通解無緣字○按通解非也深衣有緣字

緣法如彼也通解同毛本法作注案毛本凡注字俱从言此獨從水明爲法字之誤也監本作註則益誤矣

緇純

緇黑也徐本集釋同毛本通解楊氏黑下俱有色字

設握裏親膚裏唐石經徐本集釋通解要義楊氏俱作裏敖氏毛本作裹結于擘毛本擘作掔唐石經嚴本集釋俱作掔注同說詳士喪禮

設握麗于擘毛本擘作掔下竝同

按上文握手用元纁裹裹閩本通解要義俱作裏是也下同毛本作裹

先以一端繞擘一匝　要義同毛本擘作繫

隸人涅厠

又亦鬼神不用　盧文弨云亦一作以

按周禮司厲職云　毛本通解厲作隸○按毛本誤

其奴男子入於罪隸　毛本通解隸下有者字○按不當有者字

旣襲

故記明之也　毛本明誤作名閩本之誤作文

儀禮注疏卷四十挍勘記終

奉新余成教挍

儀禮疏卷第四十一

唐朝散大夫行大學博士弘文館學士臣賈公彥等撰

設椸于東堂下南順齊于坫饌于其上兩甒醴酒酒在南篚在東南順實角觶四木柶二素勺二豆在甒北二以並籩亦如之椸今之轝也各觶四木柶二素勺二爲少進醴酒兼饌之也勺二醴酒各一也豆籩二以併則是大斂饌也記於此者明其他與小斂同陳古文角觶爲角柶

疏 設椸至如之○注椸今至角柶○釋曰自此盡出室論陳大小斂奠記經不備之事云角觶四木柶二爲夕進醴酒兼饌之也者以其大小斂之奠皆有醴酒醴一觶又用一柶酒用一觶計醴酒但用二觶一柶矣而觶有四柶有二者朝夕酒醴及器別設不同器朝夕二奠各饌其器也云豆籩二以併則是大斂饌者以其小斂一豆一籩大斂乃有二豆二籩故知二爲大斂饌云記於此者明其他與小斂同陳者鄭意大斂饌不在大斂節內陳之而在小

斂節陳之者以其陳此籩豆之外皆與小斂同故就小斂節内陳之取省文之義也云同陳者謂多少同陳不謂大斂饌陳之亦在小斂節内也

凡籩豆實具設皆巾之籩豆偶而爲具具則於饌巾之巾之加飾也明小斂一豆一籩不巾

疏凡籩至巾之○注籩豆至不巾○釋曰云實具設皆巾之者謂於東堂實之於奠設之二處皆巾故云皆巾之云籩豆偶而爲具具則於饌巾之巾之加飾也者此鄭指解大斂之實饌於堂東之時巾之加飾對小斂之實於堂東不巾不加飾云明不斂一豆一籩不巾者以其云籩豆具據大斂奠二豆二籩實與奠二處皆巾明小斂奠一豆一籩堂東饌時不巾若然小斂奠設于牀東巾之爲在堂經久設塵埃加故雖一豆一籩亦巾之即禮記檀弓云喪不剝奠也與祭肉也與以其有牲肉故也

觶俟時而酌柶覆加之面枋及錯建之時朝夕也檀弓曰朝奠日出夕奠逮日

疏觶俟至建之○注時朝至逮日○釋曰言此者記人恐饌時已酌於觶故記云俟時而酌也引檀弓者謂時是朝夕之時必朝奠待日出夕奠須日未沒者欲得父母之神隨陽而來故也

小斂辟奠不出室未忍神遠之也

辟襲奠以辟斂既斂則不出於〔疏〕小斂辟奠不出室○注
室設于序西南畢事而去之未忍至去之○釋曰云
未忍神遠之也者釋奠不出室之義始死猶生事之不忍即
爲鬼神事之故奠不出室云辟襲奠以辟斂者以經云小斂
辟奠故知辟襲奠只爲辟斂也云既斂則不出於室設於序
西南者又解襲奠不出室若將大斂則辟小斂奠於序西南
此將小斂辟奠於室至於既小斂則亦不出於室設于序西
南故言不出室若然奠不出室爲既斂而言也云事畢而去
之者斂事畢奉尸夷于堂乃**無踊節**其哀未〔疏〕無踊節
去之而設小斂奠于尸東可節也○注其
哀未可節也○釋曰自死至此爲節賓主拾踊有三者三有
踊節而云無踊節者除三者三之外其閒踊皆無節即上文
踊無筭是也云其哀未可節也亦**既馮尸主人袒髺**
謂三者三之外無踊節而言也
髮絞帶衆主人布帶衆主人齊〔疏〕既馮至布帶○
衰以下注衆主至以下
○釋曰小斂于戶內訖主人袒髺髮散帶垂經不云絞帶及
齊衰以下布帶事故記者言之案喪服苴絰之外更有絞帶
鄭注云絰象大帶又有絞帶象革帶齊衰以下用布齊衰無
等皆是布帶也知衆主人非衆子者以其衆子皆斬衰絞帶

故知衆主人齊衰以下至緦麻首皆免也大斂于阼未忍便離主人位也主人奉尸斂于棺則西階上賓之〔疏〕大斂于阼○注未忍至賓之○釋曰經大斂時直云布席如初不言其處故記云大斂于阼阼是主人位故鄭云未忍便離主人位也云主人奉尸斂于棺則西階上賓之者喪事所以即遠斂訖即奉尸斂于棺賓客之故檀弓云周人殯于西階則猶賓之是也大夫升自西階階東北面東上視斂〔疏〕大夫至東上○注視斂○釋曰知視斂者以其文承大斂下故知大夫升爲視斂也既馮尸大夫逆降復位中庭西面位〔疏〕既馮至復位○注中庭西面位○釋曰知大夫位在中庭西面者上篇朝夕哭云主人入堂下直東序西面卿大夫在其南卿大夫與主人同西面向殯故知大夫位在中庭西面也巾奠執燭者滅燭出降自阼階由主人之北東巾奠而室事已〔疏〕巾奠至北東○注巾奠而室事已○釋曰上篇大斂奠時直云乃奠燭升自阼階無執燭降由主人之北故記人言之云由主人之北東也云巾奠而室事已者既巾訖是室事已

故執燭者出也既殯主人說髦既殯置銘于肂復位時也今文說皆作稅兒生三月鬌髮爲鬌男角女羈否則男左女右長大猶爲飾存之謂之髦所以順父母幼小之心至此尸柩不見喪無飾可以去之髦之形象未聞

疏既殯主人說髦○注既殯至未聞○釋曰自此盡乘車論孝子衣服飲食乘車等之事云既殯置銘于肂復位時也者案上篇云主人奉尸斂于棺乃蓋主人降拜大夫之後至者北面視肂卒塗祝取銘置于肂主人復位云復位者從西階下復阼階下位也凡說髦尊卑同皆三日知者喪大記云小斂主人即位于戶內乃斂卒斂主人馮之主人袒說髦髻髮以麻注云士既殯說髦此云小斂蓋諸侯禮也士之既殯諸侯之小斂於死者俱三日也是尊卑同三日也必三日說髦者案禮記問喪云三日而不生亦不生矣以髦是子事父母之飾父母既不生故去之云今文說皆作稅者此說及下經不說經帶二字皆作稅凡釋今古文皆在注後此在注中者以其釋經義盡者於注末言之以文更有義者釋今古字訖乃更汎說即此注已解今古字說更釋髦義是也云兒生三月鬌髮爲鬌男角女羈否則男左女右者內則文彼注云夾囟曰角午達曰羈引之者證髦象幼時鬌之義故云長大猶爲飾存之謂之髦所以順父母幼少之心是

以舜年五十不失孺子之心者也云髦之形象未聞者案詩云髧彼兩髦鄭云髦者髮至眉子事父母之飾以其云髧髧者垂之貌又云兩髦故以髮至眉解之其狀則未聞

三日絞垂成服日絞要經之散垂者

〔疏〕三日絞垂○注成服至垂者○釋曰以經小斂曰要經大功以上散帶垂不言成服之時絞之故記人言之云成服日者士禮生與來日則除死三日則經云三日成服此云三日絞垂之日也小功緦麻初而絞之不待三日也

冠六升外縪纓條屬厭縪謂縫著於武也外之者外其餘也纓條屬者通屈一條繩為武垂下為纓屬之冠厭伏也

〔疏〕冠六至屬厭○注縪謂至伏也○釋曰云冠六升外者據斬衰者而言齊衰以下冠衰各有差降云縪謂縫著於武者古者冠吉凶皆冠武別材武謂冠卷以冠前後皆縫著於武若吉冠則從武上鄉內縫之縪餘在內謂之內縪若凶冠從武下鄉外縫之謂之外縪故去外之者外其餘也云纓條屬者通屈一條繩為武垂下為纓屬之冠者吉冠則纓武別材凶冠則纓武同材以一繩從前額上以兩頭鄉項後交通至耳各綴之於武使鄉下纓結之云屬之冠者先為纓武訖乃後以冠屬著武故云屬也云厭伏也者以其冠在武下過鄉上反縫著冠冠在武下故云

厭也五服之冠皆厭但此文上下據斬衰而言也

衰三升衣與裳也疏衰三升○注衣與裳也○釋曰經直云衰鄭兼言裳者以其衰裳升數同故經舉衰而通裳但首對身首爲尊故冠六升衰三升衰裳同三升也是以吉時朝服十五升至於麻冕鄭亦爲三十升布與服一倍而解之

屨外納納收餘也疏屨外納○注納收餘也○釋曰案喪服斬衰而言此則菅屨也云外納者謂收餘末鄉外爲之取醜惡不事飾故也

杖下本竹桐一也順其性也疏杖下至一也○注順其性也○釋曰案喪服爲父斬衰以苴杖竹爲母齊衰以削杖桐桐竹皆下本本謂根本鄭云順其性者謂下其根本順木之性但爲父杖竹者父者子之天竹性自然圓象天父子自然至孝爲母杖桐者義取桐者同也同之於父言至孝同之於父故喪服貶於父非自然之意也

居倚廬倚木爲廬在中門外東方北戶疏居倚廬○注倚木至北戶○釋曰知在中門外東方北戶者一。釋案喪服傳云居倚廬既虞翦屏既練舍外寢鄭彼注云舍外寢於中門之外屋下壘墼爲之不塗塈所謂至室鄭以子夏傳以既練居堊屋而言外外爲中門外則初死居倚廬倚廬亦中門外可知也東方者以中門內殯宮之哭位在阼階下西面鄉殯明廬在中門外亦東方鄉殯是以主人及兄弟鄉大夫外位皆西面云北戶者以倚東壁爲廬一頭至地明北戶鄉陰至既虞之後柱楣翦屏乃西鄉開戶也

寢苫枕塊 苫編藁塊堛也〔疏〕寢苫枕塊○注苫編藁塊堛也○釋曰孝子寢臥之時寢於苫以塊枕頭必寢苫者哀親之在草枕塊者哀親之在土云苫編藁者案爾雅白蓋謂之苫郭云白茅苫也與此不同者彼取絜白之義此不取絜白故鄭因時人用藁爲苫而言編藁云塊堛也者亦爾雅文

不說絰帶 哀戚不在於安〔疏〕不說絰帶○注哀戚不在於安○釋曰云不說絰帶者冠衰自然不說以其絰帶在冠衰之上故周公設經舉絰帶而言也

哭晝夜無時 哀至則哭非必朝夕〔疏〕哭晝夜無時○注哀至至朝夕○釋曰此謂殯後在廬中除朝夕入哭於廬中思憶則哭無時節故鄭云哀至則哭非必朝夕也

非喪事不言 不忘所以爲親〔疏〕非喪事不言○注不忘所以爲親○釋曰喪服四制云不言而事行者扶而起言而后事行者杖而起庶人面垢而已則天子諸侯有臣不言而喪事得行者喪事亦不言大夫士是臣降於君言而事行若然此士禮亦言而事行故於喪非喪事不

言也孝經云言不文亦據大夫士也云不忘所以爲親者則喪事也是以曲禮云居喪未葬讀喪禮既葬讀祭禮喪復常讀樂章喪事而言亦兼此也

歠粥朝一溢米夕一溢米不食菜果不在於飽與滋味粥糜也二十兩曰溢爲米一升二十四分升之一實在木曰果在地曰蓏

疏

歠粥至菜果○注不在至曰蓏○釋曰云不在於飽者案周禮廩人中歲人食三鬴注云六斗四升曰鬴三鬴爲米一斛九斗二升升三十日之食則日食米六升四合今日食米二溢二升有餘是不在於飽又案檀弓云必有草木之滋焉以爲薑桂之謂也彼薑桂爲滋味此鄭以菜果爲滋味則薑桂之外菜果亦爲滋味也云粥糜也者案爾雅饘糜謂粥之稀者故鄭舉其類謂性不能食粥者糜亦一溢米同也云二十兩曰溢爲米一升二十四分升之一者依筭法百二十斤曰石則是一斛若然則十二斤爲一斗取十二斤分之升得一斤餘二斤斤爲十六兩二斤爲三十二兩取三十兩十升升得三兩添前一斤十六兩爲十九兩餘二兩兩二十四銖二兩爲四十八銖取四十銖十升升得四銖餘八銖銖爲十絫十升升得八銖則是一升得十九兩四銖八絫於二十兩仍小十九銖二絫則別取一升破爲十九兩四銖八絫分十兩兩

爲二十四銖則爲二百四十銖又分九兩兩爲二十四銖則爲二百一十六銖并四銖八絫添前得四百六十銖八絫摠分爲二十四分且取二百四十銖分得十銖餘二百二十銖八絫在又取二百一十六銖二十四分分得九銖添前分得十九銖餘有四銖八絫四銖銖爲十絫摠爲四十絫通八絫二十四分得二絫是一升爲二十四分分得十九銖二絫將十九銖添前四銖爲二十三銖將二絫添前八絫則爲十絫爲一銖以此一銖添前二十三銖則爲二十四銖爲一兩以一兩添十九兩摠二十兩曰溢云實在木曰果在地曰蓏者案周禮九職云二曰園圃毓草木鄭云樹果蓏曰圃案食貨志臣瓚以爲在地曰蓏在樹曰果張晏又云有核曰果無核曰蓏則此云在木曰果在地曰蓏用臣瓚之義在木曰果纍纍之屬在地曰蓏瓜瓠之屬

主人乘惡車

拜君命拜衆賓及有故行所乘也雜記曰端衰喪車皆無等然則此惡車王喪之木車也古文惡作堊

【疏】主人乘惡車○注拜君至作堊○釋曰云拜君命拜衆賓及有故行所乘也者以其主人在喪恒居廬哭泣非有此事則不行知義然也也引雜記者證喪事上下同無別義以其貴賤雖異於親一也故孝經五孝不同及其喪親唯有一章而已亦斯義也云然則此惡車王喪之木車者案巾車云王之

喪車五乘發首云木車蒲蔽是王始喪所乘木車無飾與此惡車同故引之見尊卑同也

白狗幦未成豪狗幦覆笭也以狗皮爲之取其臑也白於喪飾宜古文幦爲冪【疏】白狗幦○注未成至爲冪○釋曰案玉藻云士齊車鹿幦此喪車無飾故用白狗幦以覆笭云未成豪狗者爾雅釋畜文也

蒲蔽蔽藩【疏】蒲蔽○注蔽藩○釋曰藩謂車兩邊禦風爲藩蔽以蒲草亦無飾也

御以蒲菆不在於驅馳蒲菆牡蒲莖古文菆作騶【疏】御以蒲菆○注不在至作騶○釋曰御謂御車者士乘惡車之時御車用蒲菆以策馬喪中示不在於驅馳云蒲菆牡蒲莖者案宣十二年楚熊負羈囚知罃知莊子以其族反之廚武子御每射抽矢菆納諸廚武子之房服注云菆好箭又云廚子怒曰非子之求而蒲之愛注云蒲楊柳可以爲箭以此而言蒲非直得策馬亦爲矢幹也

犬服笭間兵服以犬皮爲之取堅也亦白今文犬爲大【疏】犬服○注笭間至爲大○釋曰云笭間兵服者凡兵器建之於車上笭間喪家乘車亦有兵器自衛以白犬皮爲服故云以犬皮爲之取其堅固也云亦白者幦用白狗皮明此亦用白犬皮也

木錧取少聲今文錧爲鎋【疏】木錧○注取少至爲鎋○釋曰其車錧常用金

喪用木是取少聲也**約綏約轡**約繩綏所以引升車〔疏〕約綏約轡○注約繩至升車○釋曰知約是繩者案哀十一年左傳云人尋約吳髮短杜注云約繩也故知此約亦謂繩也平常吉時綏轡用索爲之今喪中取其無飾故皆用繩爲之也**木鑣**亦取少聲古文鑣爲苞〔疏〕木鑣○注亦取至爲苞○釋曰平常用馬鑣以金爲之今用木故知亦取少聲也**馬不齊髦**齊翦也今文髦爲毛主人之惡車如王之木車則齊衰以下其乘素車繅車駹車漆車與〔疏〕馬不齊髦○注齊翦至車與○釋曰此注解文不於末者亦以釋不齊髦訖別記釋車義故也云齊衰以下其乘素車繅車駹車漆車與案巾車王之喪車五乘木車始死所乘素車卒哭所乘繅車既練所乘駹車大祥所乘漆車既禫所乘此士之喪車亦當五乘主人乘惡車齊衰乘素車與卒哭同大功乘繅車與既練同小功乘駹車與大祥同緦麻乘漆車與既禫同主人至卒哭巳後哀殺故齊衰以下節級約與主人同故鄭爲此義也若然士尋常乘棧車不革輓而漆之今既禫亦與王以下同乘漆車者禮窮則同故也**主婦之車亦如之疏布裧**裧者車裳幃於蓋弓垂之〔疏〕主婦至布裧○注裧者至

垂之○釋曰疏布裧在亦如之之下見不與男子同云裧者車裳幃者案衛詩云漸車幃裳注云幃裳童容又案巾車后之翟車有容蓋容則童容也若然則裧與幃裳及容一也故注者互相曉也云於蓋弓垂之者案巾車云皆有容蓋容蓋相將其蓋有弓明於蓋弓垂之也

貳車白狗攝服貳副也攝猶緣也狗皮緣服差飾

〔疏〕貳車白狗攝服○注貳副至差飾○釋曰依正禮大夫以上有貳車士卑無貳車但以在喪可有副貳之車非常法則有兵服服又加白狗皮緣之謂之攝服云狗皮緣服差飾者對主人服無緣此則有緣是差也

其他皆如乘車如所乘惡車

〔疏〕其他皆如乘車○注如所乘惡車○釋曰云其他者唯白狗攝服爲異其他謂惡車白狗攝以下齊髦以上皆同主人惡車也

朔月童子執帚卻之左手奉之童子隸子弟若內豎寺人之屬執用左手卻之示未用

〔疏〕朔月至奉之○注童子至未用○釋曰此盡下室論饋奠埽絜之事案曲禮埽地者箕帚俱執此直執帚不執箕者下文埽室聚諸窔故不用箕也云童子隸子弟者案桓二年左傳云士有隸子弟服注云士卑自其子弟爲僕隸祿不足以及宗是其有隸子弟也

知有內豎及寺人者士雖無臣亦有內外之言寺人奄者以通宮中之命也云右手用者用之則用右手也

從徹者而入童子不專禮事疏從徹者而入○注童子不專禮事○釋曰案論語憲問云童子將命先生並行注引玉藻無事則立主人之南北面皆不專以禮事故從徹者而入也

比箕舉席埽室聚諸窔布席如初卒箕埽者執帚垂末內鬣從執燭者而東比猶先也室東南隅謂之窔疏比箕至而東○注比猶至之窔○釋曰案上文童子從徹者入及此經則從執燭者出者以其入則燭在先徹者在後出則徹者在先執燭者在後童子常在成人之後故出入所從不同也云室中東南隅謂之窔者爾雅釋宮文

燕養饋羞湯沐之饌如他日燕養平常所用供養也饋朝夕食也羞四時之珍異湯沐所以洗去汙垢內則曰三日具沐五日具浴孝子不忍一日廢其事親之禮於下室日設之如生存也進徹之時如其頃疏燕養至他日○注燕養至其頃○釋曰云燕養者謂在燕寢之中平生時所有共養之事則饋羞湯沐之饌是也如他日

者今死不忍異於生平之日也云饋朝夕食也者鄭注鄉黨云不時非朝夕日中時一日之中三時食今注云朝夕不言日中者或鄭略言亦有日中也或以死後畧去日中直有朝夕食也知羞四時之珍異者聘禮有爵羞假獻聘義云時賜鄭云時賜四時珍異故知此羞亦四時珍異也引內則者證經進湯沐亦依內則之日數知下室日設之者言其燕養在燕寢又下經云朔月不饋食於下室明非朔月在下室設之也以其燕養在燕寢中設之可知云進徹之時如其頃者一如其平生子進食於父母故雖死象生時若一食之頃也

朔月若薦新則不饋于下室以其殷奠有黍稷也下室如今之內堂正寢聽朝事

【疏】朔月至下室○注以其至朝事○釋曰云以其殷奠有黍稷也者大小斂奠朝夕奠等皆無黍稷故上篇朔月有黍稷鄭注云於是始有黍稷唯有下室若生有黍稷今此殷奠大奠也自有黍稷故不復饋食於下室也若然大夫已上又有月半奠有黍稷亦不饋食於下室可知云下室如今之內堂者下室既爲燕寢故鄭舉漢法內堂況之云正寢聽朝事者天子諸侯路寢以聽政燕寢以燕息案玉藻云朝玄端夕深衣鄭注云謂大夫士也則亦在正寢也

筮宅冢人物土物猶相也相其

地可葬者乃營之〔疏〕筮宅冢人物土○注物猶至營之○釋曰自此盡不哭論筮宅卜日之事正經筮宅之事不物土故記人言之云相其地可葬者乃營之者凡葬皆先相乃筮之筮吉乃掘坎今直云營之不言筮宅者營之中兼筮故經云筮宅冢人物土是使冢人物土乃筮者也

卜日吉告從于主婦主婦哭婦人皆哭主婦升堂哭者皆止事畢〔疏〕卜日至皆止○注事畢○釋曰正經直云闔東扉主人哭不云主婦升堂哭者皆止之事故記明之云卜日吉宗人告從于主婦主婦哭時堂上婦人皆哭主婦升堂堂上婦人皆止不哭

啓之昕外內不哭將有事爲其讙囂既啓命哭古文啓爲開〔疏〕啓之至不哭○注將有至爲開○釋曰自上皆記士喪上篇事自此以下皆記此篇葬首將啓殯唯言婦人不哭不云男子故記以明之云內外男女不哭止讙囂故也

夷牀輁軸饌于西階東明階間者位近西也夷牀饌於祖廟輁軸饌於殯宮其二廟者於禰亦饌輁軸焉古文輁或作拱〔疏〕夷牀至階東○注明階至作拱○釋曰其夷牀在祖廟輁軸在殯宮以其西階東是同故

并言之鄭云明階間者位近西也者以正經直云階間恐正當兩階之間故記人明之是以鄭云明階間者位近西以其柩當殯奠位之處故夷牀在西還當牖輁軸以候載柩故近西皆在西西階東云其二廟者於禰亦饌輁軸焉者以其先朝禰故至禰廟一移柩外堂明旦乃移柩於輁軸上載以朝祖廟朝祖廟時下柩訖明日用蜃車輁軸不復更用不饌之故云二廟者於禰亦饌輁軸焉

其二廟則饌于禰廟如小斂奠乃啓祖尊禰卑也士事祖禰上士異廟下士共廟

〈疏〉其二至乃啓。注祖尊至共廟。釋曰自此盡主人踊如初論上士二廟先朝禰奠設及位次之事云其二廟則饌于禰廟者以先朝禰後朝祖故先於禰廟饌至朝設之故也云如小斂奠者則亦門外特豚一鼎東上兩甒醴酒一豆一籩之等也云祖尊禰卑也者欲見上文朝祖時如大斂奠此朝禰如小斂奠多少不同之意也云士事祖禰者揔上士及中下之士而言云上士異廟據此經而言下士共廟據經而言中士亦共廟而唯言下士者畧之其實中士亦共廟故祭法云適士二廟官師一廟鄭云官師中下之士是也

朝于禰廟重止于門外之西東面柩入升自

西階正柩于兩楹閒與止于西階之下東面北上主人升柩東西面衆主人東即位婦人從升東面奠升設于柩西升降自西階主人要節而踊重不入者主於朝祖而行若過之矣門西東面待之便也疏朝于至而踊。注重不至便也。釋曰此是上士二廟先朝禰之事雖言正柩于兩楹閒與位在戶牖之閒則此于兩楹閒稍近西乃得當奠位亦如棋軸饌于階閒而近西然也云衆主人東即位者柩未升之時在西階下東面北上柩升主人從升衆主人已下乃即阼階下西面位云婦人從升不云主婦者以其婦人皆升故揔言之云主人要節而踊者與升主人踊降時婦人踊也云門西東面待之便也者以其祖廟在東柩入禰廟明旦出門東鄉朝祖時其重於柩車先東鄉祖廟便也若先在門東西面及柩入乃迴鄉東則不便故云東面待之便也燭先入者升堂東楹之南西面後入者西階東北面在下燭在柩者先先柩者後後柩者適祖時燭【疏】燭先至在下。注炤在至於此。釋曰亦然互記於此此燭本是殯宮中炤開殯者在道時一在柩前一在柩後今又一升堂一在堂下故鄭云先先柩者後後柩者適祖時燭亦然互記於此者上適祖時直有朝廟在道柩前後之燭至廟直云質明滅燭不見燭之升堂不升堂此文見至廟燭升與不升不見在道燭故云適祖時燭亦然互記於此以其皆有在道及至廟燭升與不升之事也主人降即位徹乃奠升降自西階主人踊如初如其降拜賓至於要節而踊不薦車不從此行【疏】主人至如初。注如其至此行。釋曰云如其降拜賓至於要節而踊者案上經朝祖時既正柩設從奠訖主人降拜賓至於要節而踊故此如之也云不薦車不從此行者案上祖禰共廟者朝廟日即薦車此二廟明日於祖廟薦車馬以其從祖廟行故薦今此禰廟不從此行故不薦也祝及執事舉奠巾席從而降柩從序從如初適祖此謂朝禰明日舉奠適祖之序也此祝執醴先酒脯醢俎從之巾席爲後既正柩席升設設奠如初祝受巾巾之凡喪自卒至殯自啓至葬主人之禮其變同則此日數亦同矣序

從主人以下視及至適祖。注此謂至無從。釋曰自
今文無從 疏 此盡不煎論至祖廟陳設及贈之事云此
謂朝禰明日者以其下文朝祖之時序從如初中有燭若同
日則朝祖之時已自明矣何須更有燭也以此言之則此朝
祖與朝禰別日可知故鄭云舉奠適祖之序也云此祝執醴
先酒脯醢俎從之巾席爲後者此禰奠與小斂奠同小斂奠
時云夏祝及執事盥執醴先酒脯醢俎從此經亦祝及執事
舉奠明此亦執醴先酒脯醢俎從之此經所云巾席爲後云
既正柩席升設設奠如初祝受巾巾之者上正經朝祖時正
柩于兩楹閒訖席升設於柩西奠設如初巾之以經直云巾
之無祝受巾知。受巾巾之者以上篇設小斂奠訖祝受巾巾
之此與小斂奠同明設奠訖祝受巾巾之可知云凡喪自卒
至殯自啓至葬主人之禮其變同者主人常在喪位不出唯
君命乃出迎及送其變同則此日數亦同以其此二篇薦者
啓日朝禰又明日朝祖又明日乃葬與始死日襲明日小斂
又明日大斂而殯亦同日主人主婦變服亦同以其小斂主
人散帶主婦髽自啓至葬主人主婦亦同於未殯也云序從
主人以下者案上注云主人與男子居右婦人居左以服與
昭穆爲位是也 薦乘車鹿淺幦干笮革靾載旜載皮

弁服纓轡貝勒縣于衡。士乘棧車鹿淺鹿夏毛也幦覆笭玉藻曰士齊車鹿幦豹犆干盾也笮矢箙也鞬韜也旜旌旗之屬通帛爲旜孤卿之所建亦攝焉皮弁服者視朔之服貝勒貝飾勒有干無兵有箙無弓矢明不用古文鞬爲殺旜爲膳【疏】薦乘至于衡○注士乘至爲膳○釋曰此并下車三乘謂葬之魂車云士乘棧車者巾車之文云鹿○淺○幦○爲車前式覆笭者笭以鹿夏皮淺毛者爲幦以覆式是以詩韓奕云鞹鞃淺幭傳云鞹革也鞃軾中也淺虎皮淺毛也幭覆軾也引玉藻者彼注云犆謂緣也士之齊車與朝車同引之欲證此鹿幦亦以豹皮爲緣飾云旜旌旗之屬云云者案司常云孤卿建旜大夫士建物此士而用旜故云亦攝焉云皮弁服者視朔之服者案玉藻云諸侯皮弁以聽朔於大廟鄉黨孔子云素衣麑裘亦是視朔之服君臣同服是以此士亦載皮弁視朔之服也云貝勒貝飾勒者貝水物故以貝飾勒云有干無兵有箙無弓矢明不用者以其干與戈戟兵器及箙與弓矢皆相須乃用今有干無兵有箙無弓矢明死者不用故闕之也

道車載朝服。道車朝夕及燕出入之車朝服日視朝之服也玄衣素裳【疏】道車載朝服○注道車至素裳○釋曰知道車朝夕及燕出入之車者但士乘棧車

更無別車而上云乘車下云槀車此云道車雖有一車所用各異故有乘車道車槀車之名知道車朝夕者案玉藻云朝玄端夕深衣鄭注云謂大夫士也私朝之服春秋左氏傳云朝而不夕據朝君於是有朝無夕若然云朝夕者士家朝朝暮夕當家私朝之車又云及燕出入者謂士家游燕出入之車案周禮夏官有道右道僕皆據象路而言道又案司常云道車載旞鄭注云王以朝夕燕出入與此道車同則士乘棧車與王乘象路同名道云朝服日視朝之服者案鄉黨云緇衣羔裘是孔子所服鄭注云諸侯視朝之服是君臣同服故玉藻云諸侯朝服以日視朝士之道車而用朝君之服不用私朝玄端服者乘車旣載孤卿之旜故道車亦載朝君之服攝盛也云玄衣素裳者士冠禮云主人玄冠朝服緇帶素韠注云不云衣衣象冠色則不云裳裳象韠色可知故云玄衣素裳也

槀車載蓑笠槀猶散也散車以田以鄙之車蓑笠備雨服今文槀爲潦凡道車槀車之纓轡及勒亦縣于衡也

疏槀車載蓑笠○注槀猶至衡也○釋曰云槀猶散也者案上乘車道車皆據人之乘用爲名不取車上生稱則此散車亦據人乘爲號知散車以田以鄙之車者案司常云斿車載旌注云斿車木路也王以田以鄙謂王行小小田獵巡行縣鄙此散車與彼斿車同是游

散所乘故與斿車同解若然士亦與王同有以田以鄙者亦謂從王以田以鄙也若正田獵自用冠弁服乘棧車也云蓑笠備雨服者案無羊詩云爾牧來思何蓑何笠彼注云蓑所以備雨笠所以御暑者而此并云備雨者非直蓑以御雨笠亦以備雨故都人士詩注云笠所以御雨喪事不辟暑是以并云備雨之服云今文稾爲潦者案周禮輪人爲蓋鄭云禮所謂潦車謂蓋車與若然彼注此文則爲潦車者義亦通矣凡道車稾車之纓轡及勒亦縣於衡者以車三乘皆當有馬有馬則有此三者但記人舉上以明下乘車云纓轡貝勒縣於衡即此三者亦縣於衡可知

將載祝及執事舉奠戶西南面東上卒束前而降奠席于柩西將於柩西當前束設之〔疏〕將載至柩西○注將於至設之○釋曰經載柩時不云去奠設席之事故記人明之云將於柩西當前束設之者經雖先云舉奠後云降席席要須設席乃設奠故云將於柩西當前束設之正經云降奠當前束是也

巾奠乃牆牆飾柩也〔疏〕巾奠乃牆○注牆飾柩也○釋曰正經直云降奠當前束商祝飾棺不云巾奠故記人辨之巾奠訖商祝乃飾棺牆即帷荒與棺爲飾故變飾棺云牆也

抗

木刊剝削之古文刊爲竿〔疏〕抗木刊○注剝削之○釋曰刊削也而云剝者木無皮者直削之有皮者剝乃削之故兼言剝

茵著用荼實綏澤焉荼茅秀也綏廉薑也澤澤蘭也皆取其香且御濕〔疏〕茵著至澤焉○注荼茅至御濕○釋曰茵內非直用茅秀兼實綏澤取其香知且御濕者以其在棺下須御濕之物故與荼皆所以御濕

葦苞長三尺一編用便易也〔疏〕葦苞長三尺一編○注用便易也○釋曰言便易者葦草既長截取三尺一道編之用便易故也

菅筲三其實皆瀹米麥皆湛之湯未知神之所享不用食道所以爲敬〔疏〕菅筲三其實皆瀹○注米麥至爲敬○釋曰經直云筲三黍稷麥不辨苞之所用及黍稷生熟故記人明之是以云筲用菅草黍稷皆淹而漬之云未知神之所享者以其鬼神幽暗生者不見故淹而不熟以其不知神之所享故也云不用食道所以爲敬者案檀弓云飯用米貝不以食道食道褻則不敬故云不用食道所以爲敬也

祖還車不易位爲鄉外耳未行〔疏〕祖還車不易位○注爲鄉外耳未行○釋曰案正經乃祖還乘車道車槀車不辨還之遠近故記人明之雖還

車不易本位爲鄉外耳還車未行者皆不易位上經未遂奉車在階間婦人在堂上還車去階間婦人降堂下若然則是還車易位而云不易位者以其三分其庭爲三位車雖去階間猶不離三分其庭一在北之位據大判而言不易位也

執披者旁四人前後左右各二人疏執披者旁四人○注前後左右各二人○釋曰前後左右各二人者謂前之左右後之左右則一旁四人兩旁則八人上經鄭注云備傾虧也

凡贈幣無常賓之贈也玩好曰贈在所有疏凡贈幣無常○注賓之至所有○釋曰正經云公賵用玄纁束帛是贈有常矣上又云賓賵奠幣如初直云奠幣如初不云物色與多少故記人明之以其賓客非一故云凡贈幣無常鄭云賓之贈也云玩好曰贈在所有者詩云知子之來之雜佩以贈之是贈在所有也

凡糗不煎以膏煎之則褻非敬疏凡糗不煎○注以膏至非敬○釋曰正經葬奠直云四籩棗糗栗脯不云糗之煎不故記人明之凡糗直空糗而已不用脂膏煎和之是以鄭云以膏煎之則褻非敬故云不煎此篇唯葬奠有糗而云凡者記人通記大夫以上

唯君命止柩于堩其餘則否不敢留神也堩道也曾子

問日若陳〔疏〕唯君至則否○注不敢至於堋○釋曰正經引至於堋〔疏〕注云柩至邦門君使宰夫贈不云止柩之事故記人明之引曾子問者彼爲日食此爲君命雖不同止柩是同故引之證止柩之事

車至道左北面立東上道左墓道東先至者在東〔疏〕車至至東上○注道左至在東○釋曰正經直云陳器于道東西北上統于壙以其入壙故也不云三等之車面位之事故記人明之以其不入壙故東上不統於壙也當云道左墓道東者據墓南面爲正故知道左是墓道東也當是陳器之南云先至者在東者以乘車道車稾車三者次第爲先後先至謂乘車也必知此車是乘車之等者以其下有柩車故知此是三等者也

柩至于壙斂服載之柩車至壙祝說載除飾乃斂乘車道車稾車之服載之不空之以歸送形而往迎精而反亦禮之宜〔疏〕柩至至載之○注柩車至之宜○釋曰正經直云柩至于壙斂引乃窆不云柩車斂服載之故記人明之云柩車至壙祝說載除飾乃斂乘道稾車服載之不空之以歸者此解說載謂下棺於地除飾謂除去帷荒柩車既窆乃斂乘車皮弁服道車朝服稾車蓑笠三者之服載之於柩車示不空之以歸者也云送形而往迎精而反者禮記問

喪文引之證此不容歸之義云亦禮之宜者形往則送之主人隨柩路是也精反則迎之主人隨精而反是亦禮之宜然也故云禮之宜也

卒窆而歸不驅孝子往如慕反如疑爲親之在彼

疏 卒窆而歸不驅○注孝子至在彼○釋曰此文解上斂服載之下棺訖實土三孝子從柩車而歸不驅馳而疾者疑父母之神不歸云孝子往如慕反如疑者亦禮記問喪文云孝子往如慕者如嬰兒隨母而啼慕反如疑者孝子不見其親不知精魂歸否故疑之云爲親之在彼者謂疑精魂在彼不歸言此者解經不驅之事

君視斂若不待奠加蓋而出不視斂則加蓋而至卒事爲有他故及辟忌也

疏 君視至卒事○注爲有至忌也○釋曰君於士既殯而往有恩則與大斂既布衣君至奠訖乃出不辨不得終視斂之事故記人明之是以經二事皆見於禮而言云君視斂若不待奠加蓋而出者一爲君有急事他故是以不得待奠云不視斂則加蓋而至卒事者亦是君有辟忌不用見尸柩是以加蓋乃來云卒事者待大斂訖乃出

既正柩賓出遂匠納車于階閒遂匠遂人匠人也遂人主引徒役匠人主

載柩窆職相左右也車載柩車周禮謂之蜃車雜記謂之團或作輇或作摶聲讀皆相附耳未聞孰正其車之轝狀如牀中央有轅前後出設前後輅轝上有四周下則前後有軸以輇爲輪許叔重說有輻曰輪無輻曰輇〔疏〕既正至階閒○注遂匠至曰輇○釋曰正經不云納柩車時節故記人明之既朝正柩於兩楹之閒當此之時遂匠納柩車於階閒云遂人匠人也者以其周禮有遂人匠人天子之官士雖無臣亦有遂人匠人主其葬事云遂人主引徒役匠人主載柩窆職相左右也者案周禮遂人職云大喪帥六遂之役而致之掌其政令及葬帥而屬六綍及窆陳役注云致役致於司徒給墓上事陳役者主陳列之耳是遂人主引徒也又鄉師職云及葬執纛以與匠師御匶而治役謂監督其事又此遂人與匠人同納車于階閒即匠人主載窆與遂人職相左右也云車載柩車者以其此云納車于階閒正謂載柩若乘車道車之等則當東榮不在階閒故知此是柩車也云周禮謂之蜃車者案遂師職云大喪使帥其屬以幄帟先及蜃車之役注云蜃車柩路四輪迫地而行有似於蜃因取名焉是也云雜記謂之團或作輇或作摶聲讀皆相附耳未聞孰正者言或作輇或作摶者皆或禮記別本故云皆相附耳但未知孰正也云其車之轝狀如牀中央有轅前後出者觀鄭此注

其輁與輴車同亦一轅爲之云設前後輅者正經唯云前輅言前以對後明知亦有後輅云輁上有四周者此亦與輴車同云下則前後有軸以輇爲輪者此則與輴異以其輴無輪直有轉轔此有輇輪引許叔重說者案許氏說文云有輪無幅曰輇設此輇無輻也

祝饌祖奠于主人之南當前輅北上巾之

言饌於主人之南當前輅則既祖祝乃饌

疏 祝饌至巾之○注言饌至乃饌○釋曰正經直云祖還車及還重說乃奠如初不云饌處故記人明之祝饌祖奠於主人之南當前輅云則既祖祝乃饌者以其未祖以前柩車鄉北輅在主人之北今云饌于主人之南明知既祖還乃鄉饌之

弓矢之新沽功

設之宜新沽示不用今文沽作古

疏 弓矢之新沽功○注設之至作古○釋曰自此盡篇未論死者用器弓矢麤惡之事以其正經直云用器弓矢不辨弓矢善惡及弓矢之名故記人明之設之宜新者爲死者宜用新物云沽示不用者沽謂麤爲之

有弭飾焉

弓無緣者謂之弭弭以骨角爲飾

疏 有弭飾焉○注弓無至爲飾○釋曰案爾雅云弓有緣謂之弓無緣謂之弭孫氏云緣繫約而漆之無緣不以繫約骨飾兩頭是此弭也詩云象弭

魚服是用象骨弓隈既用角明兩頭亦得用故鄭揔云骨角爲飾

亦張可也亦使可張

疏亦張可也○注亦使可張○釋曰生時之弓有張弛此死者之弓雖不射而沽器亦使可張故曰亦也

有柲柲弓檠弛則縛之於弓裏備損傷以竹爲之詩云竹柲緄縢古文柲作柴

疏有柲○注柲弓至作柴○釋曰柲弓檠者案冬官弓人造弓之時弓成納之檠中以定往來體此弓檠謂凡平弛弓之時以竹狀如弓縛之於弓裏亦名之爲柲者以若馬柲然馬柲所以制馬弓柲所以制弓使不頓傷故謂之柲引詩云竹柲緄縢者緄繩也縢約也謂以竹爲柲以繩約之此經之柲雖麤器用亦如此故引之爲證

設依撻焉依纏絃也撻弣側矢道也皆以韋爲之今文撻爲銛

疏設依撻焉○注依纏至爲銛○釋曰言依者謂以韋依纏其弦即今時弓彄是也云撻弣側矢道者所以撻矢令出謂生時以骨爲之弣側今死者用韋云皆以韋爲之者謂依與撻皆以韋爲之異於生者也

有韣韣弓衣也以緇布爲之

疏有韣○注韣弓至爲之○釋曰知韣弓矢者案月令云帶以弓韣故知韣弓衣也鄭知用緇布爲之者此無正文鄭驗當時弓衣用緇布而言也

翭矢一乘骨鏃

短衛猴猶候也候物而射之矢也四矢曰乘骨鏃短衛亦示不用也生時猴矢金鏃凡為矢五分笴長而羽其一

疏猴矢至短衛○注猴猶至其一○釋曰言候物而射之者案司弓矢鄭注云可以司候射敵之近者及禽獸鄭君兩注語異義同云骨鏃短衛亦示不用也者案上文沽功鄭云示不用故此亦之云生時猴矢金鏃者此亦爾雅釋器文案彼云金鏃翦羽謂之猴是也此言短羽即翦羽也云凡為矢五分笴長而羽其一者案周禮矢人上陳五矢下乃云五分其長而羽其一故云凡以鏃之也案鄭彼注云矢笴長三尺五分羽一則六寸也謂之羽者指體而言謂之衛者以其無羽則不平正羽所以防衛其矢不使不調故名羽為衛

志矢一乘軒輖中亦短衛志猶擬也習射之矢書云若射之有志輖摯也無鏃短衛亦示不用生時志矢骨鏃凡為矢前重後輕也

疏志矢至短衛○注志猶至輕也○釋曰云志猶擬也者凡射志意有所準擬故云志猶擬也云習射之矢者案司弓矢鄭注云恒矢之屬軒輖中所謂志以此言之則此恒矢也在八矢之下知是習射矢者以其矢中特輕於習射宜也案六弓唐弓大弓亦授習射者則此矢配唐大也引尚書盤庚者證志為準擬之事輖摯者鄭讀輖從摯以其車

傍周非是軒輊之輊。故讀從軌下至云無鏃短衞亦不用者知此矢無鏃者上經翭矢言骨鏃此經不云鏃故知無鏃示不用也若然翭矢生時用金鏃死用骨鏃志矢生時用骨鏃死則令去之云生時志矢骨鏃者亦爾雅釋器文案彼云骨鏃不翦羽謂之志此志矢是也云凡爲矢前重後輕也者案司弓矢鄭注云凡枉。矢之制枉矢之屬五分二在前三在後殺矢之屬參。分一在前二在後鍭矢之屬七分三在前四在後恒矢之屬軒輖中若然前重後輕者據殺矢鍭矢枉矢絜矢矰矢茀矢而言引之者證此志是恒矢庳矢無前重後輕之義但周禮有八矢唯用此二矢者以其八矢之内鍭矢居前最重恒矢居後最輕既不盡用故取其首尾者也

儀禮疏卷第四十一

江西督糧道王賡言廣豐縣知縣阿應鱗栞

儀禮注疏卷四十一挍勘記　阮元撰盧宣旬摘錄

設棜于東堂下

素勺　徐本同毛本勺下有二字楊氏無此句與疏合集釋通解俱與毛本同

爲少進醴酒　徐本同集釋通解楊氏毛本少俱作夕張氏曰疏少作夕從疏

云豆籩二以併　豆籩二字毛本倒

凡籩豆實具設

故雖一豆一籩　通解要義同毛本豆籩二字俱倒

小斂辟奠不出室

至於旣小斂　於陳閩俱作此

爲旣斂而言也　爲閩本作以言下陳閩俱有者字

旣馮尸

更有絞帶　要義同毛本通解更作又

鄭注云絰象大帶　絰上陳閩通解俱有要字依喪服注增

巾奠

升自阼階　阼要義作西

旣殯

鬠髮爲髻　毛本鬠作翦陳閩監本集釋敖氏俱作鬠疏放此

三日絞垂

以經小斂日　經要義作垂毛本通解作經日毛本陳本通解俱作日○按作日非也經誤垂

冠六升

外之者有徐本集釋俱無之字通解楊氏毛本俱有○按疏

垂下爲纓垂下二字毛本誤倒

但此文上下陳閩通解要義同毛本文作冠

纋外納

此則營纋也毛本無則字營誤作营

杖下本

桐竹皆下本本謂根本通解同毛本不重本字

居倚廬

一釋按喪服傳云要義同毛本無一釋二字

以既練居堊屋而言外陳閩俱無居字毛本屋作室陳本作屋

則初死居倚廬倚廬亦中門外可知也倚廬二字要義不重出亦下毛本有知字要義無

一頭至地通解要義同毛本地作北

寢苫枕塊

苫編藁藁釋文从禾無艸監本亦從禾案從禾是無艸非

不說經帶說監本誤作設

故周公說經陳閩通解俱無周公說經四字○按設譌說

歠粥

今日食米二溢二監本誤作一

云二十兩曰溢毛本十下有四字要義無與注合

銖爲十絫　絫要義作參下同

則爲二百一十六銖　要義同毛本一作二按一是也

主人乘惡車

非有此事則不行　行陳閩俱作出

白狗幦

覆笭也　陸氏曰笭本或作軨

古文幦爲冪　冪釋文作幕云音莫集釋亦作幕

此喪車無飾　陳閩俱無喪字

御以蒲菆

楚雄負羈因知禁　要義同毛本雄作熊

服注云 通解要義同毛本服作杜

犬服

亦白今文犬爲大 下五字毛本脫徐本集釋俱有與此本標目合通解未刻

凡兵器 陳本通解要義同毛本凡作用按凡是也

故云以犬皮爲之 犬皮二字毛本誤倒

取其堅固也 通解要義同毛本固作故○案注無固字

云亦白者 要義同毛本云作髀○按要義是

髀用白狗皮 通解要義同毛本狗作犬

馬不齊髦

此士之喪車 毛本此上有按字

亦與王以下同乘漆車者　陳閩俱無同字

貳車

可有副貳之車　陳閩通解要義楊氏同毛本有作以

其他皆如乘車

謂惡車白狗幦以下　通解同毛本謂作爲案謂是也

皆同主人惡車也　皆同主人毛本誤作主人皆同

從徹者而入

無事則立主人之南北面　浦鏜云北南字誤倒

比奠○聚諸宎　毛本宎作窔徐陳釋文集釋通解俱作宎注同陸氏曰本又作窔○埽者執

帚垂末　末徐本作末唐石經集釋通解要義楊敖俱作末張氏曰監巾箱杭本末作末從諸本

室東南隅謂之窔 室下集釋有中字張氏曰疏室下有中字○按少牢注亦有中字

按上文童子從徹者入 毛本童誤作男

及此經則從執燭者出者 出者陳閩俱作在後

燕養饋羞湯沐之饌

所以洗去汙垢 陸氏曰洗悉禮反劉本作滓七對反

謂在燕寢之中 陳閩俱無寢字

平生時所有共養之事 陳閩俱無平字毛本共作供

或鄭略言 陳閩監本通解要義同毛本言作云盧文弨云疑是之字○按草書言云俱似之字

云進進徹之時 毛本通解不重進字

若一食之頃也 通解楊氏同毛本食作時○按食是也

朔月若薦新

則亦在正寢也　要義同毛本通解則下有聽私朝三字

筮宅

吉乃掘　陳閩俱無乃字

冢人物土是　許宗彦云物土乃營之之訛此引經文非引記文

卜日吉　毛本日作曰通解敖氏俱作日與此本標目合周學健云敖氏注云曰人質反葢恐人誤讀耳○按唐石經作曰

主人哭　人陳閩通解俱作婦

啓之昕外内不哭　外内要義倒與疏合

夷牀輁軸

古文輁或作拱 張氏云監本云爲拱從監本○按張說與此本標目合

明旦乃移柩於輁軸上 毛本移下無柩字

其二廟

先朝禰奠設 禰陳閩俱作祖

朝于禰廟

雖言正柩于兩楹間 雖閩本作畢

主人從升衆主人以下 要義同毛本無衆字通解有衆無升

燭先入者升堂

一在柩前 陳本無此四字

互記於此者 互要義作旦下同

主人降卽位○升降自西階 唐石經徐本通典集釋楊敖俱有降字通解毛本無石經考文提要云監本沿通解之誤

按上經 毛本通解經下有云字

故此如之也 毛本通解此下有記所云三字

祝及執事舉奠

酒脯醢俎從之 俎通典作葅

則此日數亦同矣 亦通解作應

論至祖廟陳設及贈之事 要義同毛本及作旣

此禰奠與小斂奠同 毛本禰作彌盧文弨改彌作禰

知受巾巾之者 知下陳閩通解俱有祝字

云序從主人以下者　毛本序誤作席

鷹乘車○干箠　干石經補缺誤作于

鹿幦　徐本通典集釋通解要義楊敖俱作幦毛本作辟按釋文辟字無音是亦作幦

䡨轀也　陸氏曰轀劉本作縕

有箙無弓矢　要義無弓字

此并下車三乘　陳閩通解要義同毛本并作拜○按并是也

云鹿淺幦爲車前式覆者　鹿淺幦陳本通解要義俱作辟覆笭閩本作幦覆笭者楊氏與毛本同爲作謂

鞃軾中也　毛本軾作式○案詩傳式作軾下同

淺虎皮淺毛也　毛陳閩通解俱作色紫陳閩通解非也

道車載朝服

日視朝之服也　集釋通解毛本同之服二字徐本倒

謂大夫士也私朝之服　要義同毛本通解無也字服監本誤作朝

槀車載蓑笠　槀嚴鍾通解要義楊敖俱从木唐石經徐本聶氏集釋毛本俱从禾注文同蓑唐石經徐本釋文聶氏集釋通解要義楊敖俱从艸注同毛本從簑○按檀弓上孔子之喪節疏引作蓑

槀車載蓑笠　槀字蓑字下並放此要義與此本同

謂王行小小田獵巡行縣鄙　陳閩通解要義楊氏俱重小字毛本不重○按小字當重周禮司常疏云今以小小田獵及巡行縣鄙正與此文同

同是游散所乘　要義同毛本通解楊氏游作斿

笠所以御暑　陳閩通解要義同毛本御作備

茵著用荼 荼著單疏標目從竹

茅秀也 浦鏜云秀釋文作莠○按茅莠見釋文注中非摘鄭注

且御涇 陸氏曰御魚呂反劉本作衙音禦

葦苞

葦草卽長 浦鏜改卽作既

菅筲三

黍稷皆淹而漬之 陳本通解要義同毛本漬作清○按作漬不誤

飯用米貝 貝要義作具閩本米貝作茅具○按要義閩本竝誤

祖還車

上經未還奉車在階間 奉浦鏜改作車

凡賵幣無常

玩好曰賵　徐本同毛本曰作日

凡糗不煎

不云糗之煎不　煎不二字毛本誤倒

柩至于壙

不空之以歸者　要義空作窆下柩車旣空示不空之並同通解與毛本同作空○案要義蓋誤合空之兩字爲窆耳下兩空字遂亦作窆浦鏜挍謂柩車旣空空字應作窆

卒窆而歸

云孝子往如慕　陳閩要義同毛本如作而○按如是也

旣正柩

或作搏徐陳通解同毛本搏作搏集釋作榑

及葬執翿通解要義同毛本及作既○按周禮作及葬執纛

正謂載柩謂通解要義俱作爲

蜃車柩路通解要義同毛本路下有也柩車載柳五字案周禮注有此五字柩車作柩路

其輦與輴車同監本通解要義同毛本輴作輲○案輴字是

弓矢之新

爲死者宜用新物陳閩俱無宜字

有弭飾焉

弓隈既用角隈閩本通解俱作服角通解作骨

亦張可也唐石經徐本集釋楊敖同毛本通解張可作可張石經考文提要云監本沿通解之誤○按也字唐

石經初刻作以後改

古文柲作枈 作集釋作爲柴字毛本通解作柴徐本集釋俱作枈與單疏標目合釋文作粊金曰追云尙書費誓古文作粊○按集韻枈兵媚切地名疑卽粊之別字

使不頓傷 陳閩監本通解同毛本頓作損

𥎦矢一乘 張氏曰釋文𥎦字上更有一矢字從釋文盧文弨云𥎦上有矢字當是爲𥎦矢志矢之目○按今本釋文出𥎦矢二字張氏所見當作矢𥎦也

亦示不用也 徐本集釋楊敖同毛本通解示作云

可以司候射敵之近者 陳本同毛本通解司作伺○按周禮注作司

云生時𥎦矢金鏃者 毛本𥎦誤作鏃金誤作今案監本金作今葢欲改今爲金而未全也

志矢一乘

輖摯也　摯徐本敖氏俱作摯釋文集釋通解楊氏毛本俱作輊陸氏云本又作贄○按贄卽俗摯字因借而誤

非是軒輊之輊　陳監通解要義同毛本兩輊字作輕閩本作輕案輕形似輊故毛本誤作輕下文云故讀從執下至則此句不當作輊疏意從車之輊與從執之輊二字不同故特分別言之

志矢生時用骨鏃　骨陳閩俱作金

凡枉矢之制　陳閩通解俱無枉字

殺矢之屬參分　要義同毛本通解參作三

但周禮有八矢　通解要義同毛本但作按

鍭矢居前　陳閩俱無矢字

儀禮注疏卷四十一校勘記終

奉新余成教校

儀禮疏卷第四十二　儀禮卷第十四

唐朝散大夫行大學博士弘文館學士臣賈公彦等撰

士虞禮第十四

（疏）士虞禮第十四○鄭目錄云虞安也士既葬父母迎精而反日中。祭之於殯宮以安之虞於五禮屬凶大戴第六小戴第十五別錄第十四○釋曰案此經云側亨于廟門外之右又記云陳牲于廟門外皆云廟目錄云祭之殯宮者廟則殯宮也故鄭注士喪禮凡宮有鬼神曰廟以其虞卒哭在寢祔乃在廟是以鄭注喪服小記云虞於寢祔於祖廟是也

儀禮　鄭氏注

士虞禮特豕饋食

饋猶歸也（疏）士虞禮特豕饋食○注饋猶歸也○釋曰自此盡南順論陳鼎鑊祭器几筵等之事案左氏傳云卜日曰牲是以特牲云牲大夫已上稱牲亦稱牢故云少牢此虞爲喪祭又葬日虞因其吉日故畧無卜牲之禮故指豕體而言不云牲大夫以上亦當然雜記云大夫之虞也犆牲又此下記云陳牲於廟門外檀弓云與有司視虞牲皆言牲者記人之言不依常例故也然少牢云司馬刲羊士擊豕不言牲者據

殺特須指事而言亦非常例也云饋猶歸者謂以物與神及人皆言饋是以此虞及特牲少牢皆言饋坊記云父母在饋獻不及車馬是生死皆言饋又案周禮玉府云掌凡王之獻金玉兵器注謂百工爲王所作可以獻遺諸侯古者致物於人尊之則曰獻通行曰饋以此而言獻雖主於尊其春秋齊侯來獻戎捷尊魯也其云饋者上下通稱故祭祀於神而言饋陽貨饋孔子豚而言饋鄉黨云朋友之饋是上下通言饋膳夫云凡王之饋食用六穀注云進物於尊曰饋此饋之盛者王舉之饌也彼鄭據當文是進于王故云進物于尊其實通也

側亨于廟門外之右東面側亨一胖也亨於爨用鑊不於門東未可以吉也是日也以虞易奠祔而以吉祭易喪祭鬼神所在則曰廟尊言之

疏側亨至東面○注側亨至言之○釋曰云側亨亨一胖也知者案吉禮皆全左右胖皆亨不云側此云側亨明亨一胖而已必亨一胖者以其虞不致爵自獻賓已後則無主人主婦及賓已下之俎故唯亨一胖也若然特牲亦云側殺者彼雖亨左右胖少牢二特牲一故以一牲爲側各有所對故也云亨於爨用鑊者亦案少牢有羊鑊故亨在鑊云不於門東未可以吉也者以虞爲喪祭不於門東對特牲吉禮鼎鑊皆在門東此云門外之右是門之

西未可以吉也云是日也至喪祭皆檀弓文云是日謂葬日日中而虞易去奠以死事之故立尸而祭之云祔而以吉祭易喪祭者案下記云三虞卒哭他用剛日亦如初曰哀薦成事鄭注引檀弓文葬日中而虞不忍一日離也是日也以虞易奠卒哭曰成事是日也以吉祭易喪祭如是則卒哭即是吉祭而鄭此注云祔爲吉祭者卒哭對虞爲吉祭卒哭比祔爲喪祭故下記云卒哭祭乃餞云尊兩甒於廟門外之右少南。洗在尊東南水在洗東篚在西注云在門之左又少南則鼎鑊亦在門左。又云明日以其班祔沐浴又云其他如饋食是祔乃與特牲吉祭同以祔爲吉祭是以云祔而以吉祭易喪祭也云鬼神所在則曰廟尊言之者對時廟與寢別今雖葬既以其迎魂而反神還在寢故以寢爲廟虞於中祭之也

魚腊爨亞之北上爨竈疏魚腊至北上○注爨竈○釋曰上豕爨在門右東面此魚腊各別鑊言北上則次在豕鼎。之北而云爨竈者周公經爲爨至孔子時爲竈故王孫賈問孔子曰與其媚於奧寧媚於竈是前後異名故鄭舉後決前也

饎爨在東壁西面炊黍稷曰饎饎北上上齊於屋宇於虞有亨饎之爨彌吉疏饎爨至西面○注炊黍至彌吉○釋曰以三鑊在西方反吉案特牲云主婦視

饎爨于西堂下宗婦主之在西方今在東亦反吉也少牢廪爨在饔爨之北在門外者是大夫主之廪人掌男子之事故與牲爨同在門外東方也知炊黍稷曰饎者案周禮饎人云掌凡祭祀共盛齊盛即黍稷故知也云北上上齊于屋宇者此案特牲記云饎爨在西壁鄭注云西壁堂之西墻下舊説云南北直屋梠稷在南彼此東西皆言壁彼云屋梠此云屋宇故知此亦齊屋也云於虞有亨饎之爨彌吉者以其小斂大斂未有黍稷朔月薦新之等始有黍稷向吉仍未有爨至此始有亨饎之爨故云彌吉

設洗于西階西南水在洗西篚在東反吉也亦當西榮南北以堂深疏設洗至在東○注反吉至堂深○釋曰如其上文設爨反吉此亦反吉又上下篇吉時設洗皆當東榮南北以堂深今在西階西南亦當西榮南北以堂深可知也

尊于堂中北墉下當户兩甒醴酒酒在東無禁冪用絺布加勺南枋酒在東上醴也絺布葛屬疏尊于至南枋○注酒在至葛屬○釋曰云酒在東上醴也者醴法上古酒是人所常飲故在東吉禮玄酒在酒上今以喪祭禮無玄酒則醴代玄酒在上故云上醴

也云絺布葛屬者絺綌以葛爲之布則以麻爲之今絺布並言則此麻葛雜故有兩號是以鄭云葛屬也 素几葦席在西序下 有几始鬼神也〔疏〕素几至席下。注有几始鬼神也。釋曰經几席具有注唯云几者以其大斂奠時已有席至此虞祭乃有几故也然案檀弓云虞而立尸有几筵筵則席虞祭始有者以几筵相將故連言筵其虞有几若天子諸侯始死則几席具故周禮司几筵云每敦一几據始殯及葬時是始死即几席具也

苴刌茅長五寸束之實于篚饌于西坫上 苴猶藉也〔疏〕苴刌至坫上。注苴猶藉也。釋曰此苴而云藉祭故易云藉用白茅無咎

饌兩豆菹醢于西楹之東醢在西一鉶亞之 醢在西南面取之得左取菹右取醢便其設之〔疏〕饌兩至亞之。注醢在至設之。釋曰此饌纔西楹言之則以西楹爲主向東陳之云一鉶亞之者菹以東也云醢在西南面取之得左取菹右取醢便其設之者以其尸在奥東面設者西面設於尸前菹在南醢在北今於西楹東饌之菹在東醢在西是南面取之得左取菹右取醢至尸前西面又左菹右醢故云便也

從

獻一豆兩亞之四籩亞之北上豆從主人獻祝籩從主婦獻尸祝北上菹與棗不東陳別於正〔疏〕從獻至北上。注豆從至於正。釋曰此從獻豆籩雖文承一鉶之下而云亞之下別云北上是不從鉶東爲次宜於鉶東北以北爲上向南陳之若然文承一鉶下而云亞之者以其次在鉶以東去楹漸遠故云亞不謂亞鉶以東也據此陳之次然則東北菹爲首次南醓醢東栗栗北棗棗東棗棗南栗此以東面取之而入北面設之祝前得右菹左醢其籩亦然先陳者先設後陳者後設棗在左亦得其設故鄭云北上菹與棗也云豆從主人獻祝者以其尸前正豆已設訖以爲陰厭不名爲從此二豆主人先獻祝酒後乃薦豆故言從云籩從主婦獻尸祝者以其四籩二籩從主婦獻尸二籩從主婦獻祝亦是從也云不東陳別於正者以二豆與鉶在尸爲獻前爲正此皆在獻後爲非正故東北別也

饌黍稷二敦于階間西上藉用萑席藉猶薦也古文藉爲席〔疏〕饌黍至萑席。注藉猶至爲席。釋曰云藉猶薦也者謂先陳席乃陳黍稷於上是所陳席藉薦黍稷也

匜水錯于槃中南流在西階之南簞巾

在其東流匜吐水口也陳三鼎于門外之右北面北上設扃鼏門外之右門西也今文扃爲鉉〔疏〕陳三至扃鼏。注門外至爲鉉。釋曰此扃雖先云設其設扃在後知者案士喪禮小斂云右人左執匕抽扃予左手兼執之取鼏委於鼎北加扃則扃在鼏上故先抽扃後去鼏則鼏先設可知扃鼏雖在三鼎之下總言其實陳一鼎訖即設之知者案下記云皆設扃鼏注云嫌既陳乃設扃鼏是也

匕俎在西塾之西不饌於塾上統於鼎也塾有西者是室南鄉〔疏〕匕俎在西塾之西。注不饌至南鄉。釋曰云不饌於塾上統於鼎也者決下文羞燔俎在內西塾上而在塾上又云賓降反俎于西塾至於主婦亞獻訖直云賓燔從如初明尸受燔訖賓亦反俎于西塾上是互見義也

羞燔俎在內西塾上南順南順於南面取縮執之便也肝俎在燔東主人及兄弟如葬服賓執事者如弔服皆即位于門外。如朝夕臨位婦人及內兄弟服即位于堂亦如

之葬服者既夕曰丈夫髽散帶垂也賓執事者賓客來執事也〔疏〕主人至如之○注葬服至事也○釋曰自此盡北面論將虞祭於位及衣服之事云葬服者既夕曰丈夫髽散帶垂也者此唯謂葬日反日中而虞及三虞時其後卒哭即服其故服是以既夕記注云自卒至殯自啓至葬主人之禮其變同則始虞與葬服同三虞皆同至卒哭卒去無時之哭則依其喪服乃變麻服葛也云賓執事者賓客來執事也者以其虞爲喪祭主人未執事故云賓客來執事者也案下注云士之屬官爲其長弔服加麻則此經賓執事者弔服是也若然此士屬官中有命于其君者是以特牲記賓中有公有司鄭注云公有司亦士之屬命于其君者也案曾子問士則朋友奠不足取於大功以下又云士祭不足則取於兄弟大功以下者鄭云祭謂虞卒哭時以此而言彼朋友則公有司與此執事一物以僚友言之雖屬官亦爲朋友也

祝免澡葛絰帶布席于室中東面右几降出及宗人即位于門西東面南上祝亦執事免者祭祀之禮祝所親也澡治也治葛以爲首絰及帶接神宜變也然則士之屬官爲其長弔服加麻矣至於既卒哭主人變服則除右几於席近

南也〔疏〕祝免至南上○注祝亦至南也○釋曰云祝亦執事者謂亦上執事也云免者祭祀之禮祝所親也者案禮記喪服小記云緦麻小功虞卒哭則免注云卒哭緦麻以上至斬衰皆免今祝是執事屬吏之等皆無免法今與緦以上同著免嫌其大重故云祭祀之禮祝所親而可以受服也 宗人告有司具遂請拜賓如臨入門哭婦人哭 臨朝夕哭〔疏〕宗人至人哭○注臨朝夕哭○釋曰朝夕哭祭時門外送賓訖入門男子婦人共哭也 主人即位于堂衆主人及兄弟賓即位于西方如反哭位 既夕曰乃反哭入門升自西階東面衆主人堂下東面北上此則異於朝夕〔疏〕主人至哭位○注既夕至朝夕○釋曰此明賓將與祭主人及兄弟等即位之事云如反哭位鄭引既夕者證主人等面位之事也 祝入門左北面 不與執事同位接神尊也〔疏〕祝入門左北面○注不與至尊也○釋曰云不與執事同位接神尊也者執事即上兄弟賓即位于西方如反哭位皆是執事故曾子問喪祭不足則取兄弟故云不與執事同位接神尊也 宗人

西階前北面當詔主人及賓之事【疏】宗人至北面○注當詔至之事○釋曰此宗人在堂下是主人在堂時若主人在室宗人即升堂是以下記云主人在室則宗人升戶外北面注云當詔主人室事是也祝盥升取苴降洗之升入設于几東席上東縮降洗觶升止哭縮從也古文縮爲蹙【疏】祝盥至止哭○注縮從也○釋曰自此盡哭出復位論設饌於神杖不入於門之事也案此文陰厭時主人倚杖入祝從在左西面下記云尸入祝從尸注云祝在主人前也嫌如初時主人倚杖入祝從之初時主人之心尚若親存宜自親之今既接神祝當詔侑尸也主人前自西入向東在階下未得倚杖于序今主人在西階將入室故倚杖于西序主人倚杖入祝從在左西面主人北旋倚杖西序乃入喪服小記曰虞杖不入於室祔杖不升於堂然則練杖不入於門明矣贊薦菹醢醢在北主婦不薦衰斬之服不執事也曾子問曰士祭不足則取於兄弟大功以下者【疏】贊薦至在北○注主婦至下者○釋曰案特牲主婦盥于房中薦兩豆此主婦不薦故決之既引曾

子問士祭不足則取於兄弟大功以下者彼文承貫下故引之下卒哭既取大功以下則齊衰不執事可知此齊衰不執事唯爲今時至于尸入之後亦執事兩籩棗栗設於會南至於祔祭雖陰厭亦主婦薦主人自執事也知者下記云其他如饋食案特牲云主人在右及佐食舉牲鼎是也若大夫已上尊不執事故少牢云主人出迎鼎注云道之也是不執事也

佐食及執事盥出舉長在左舉舉鼎也長在左西方位也凡事宗人詔之

鼎入設于西階前東面北上匕俎從設

左人抽扃鼏匕佐食及右人載載載於俎佐食載則亦在右矣今文扃爲鉉古文鼏爲密

卒朼者逆退復位復賓位也

俎入設于豆東魚亞之腊特亞次也今文無之

贊設二敦于俎南黍其東稷簋實尊黍也〔疏〕贊設至東稷○注簋實尊黍也○釋曰云簋實尊黍也者以經西黍東稷西上故云尊黍也經云敦注言簋者案特牲云佐食分簋鉶注云分簋者分敦黍於會爲有對也敦有虞氏之器也周制

士用之變敦言簋容同姓之士得從周制耳然則此注變敦言簋者亦謂同姓之士得用簋故也　設一鉶于豆南鉶菜羹也〔疏〕注鉶菜羹也○釋曰此對泰是湆羹　佐食出立于戶西餕已也今文無于戶西〔疏〕佐食至戶西○注餕已至戶西○釋曰佐食出者以無事不可以空立故出立于戶西不從今文無于戶西三字者若無此文不知立之所在故不從也　贊者徹鼎反于門外

祝酌醴命佐食啓會佐食許諾啓會卻于敦南復位會合也謂敦蓋也復位出立于戶西今文啓爲開〔疏〕祝酌至復位○注會合至爲開○釋曰特牲少牢直言酌奠不言酌醴者以彼直有酒故不言酒是酒可知此酒醴兩有今所奠者醴故須言醴也若然彼單酒此兩有者以其同小斂大斂朔月還祖祖奠大遣奠等皆酒醴並有故此虞之喪祭亦兩有異於吉祭也　祝奠觶于鉶南復位主人再拜稽首復位復主人之左〔疏〕祝奠至稽首○注復位至之左○釋曰云復主人之左者上主人倚杖入祝從在左不見祝更有位故復主人

左也**祝饗命佐食祭**饗告神饗此祭祭於苴也饗神辭記所謂哀子某哀顯相夙興夜處不寧下至適爾皇祖某甫尚饗是也〔疏〕祝饗命佐食祭○注饗告至是也○釋曰下云祝祝卒注云祝祝者釋孝子祭辭又下文迎尸後尸墮祭云祝祝主人拜如初此等三者皆有辭此文饗神引記者是陰厭饗神辭下文迎尸上釋孝子辭者經記無文案少牢迎尸祝孝子辭云孝孫某敢用柔毛剛鬣嘉薦普淖用薦歲事于皇祖伯某以某妃配某氏尚饗此是釋孝子辭此迎尸上釋孝子辭宜與彼同但稱哀爲異其迎尸後祝辭者即下記饗辭云哀子某圭爲而哀薦之饗鄭注云饗辭勸強尸之辭也凡吉祭饗尸曰孝子是以特牲迎尸後云祝饗注云饗勸強之也其辭取於士虞記則宜云孝孫某圭爲孝薦之饗是也下二虞卒哭記皆有辭至彼別釋**佐食許諾鉤袒取黍稷祭于苴三取膚祭祭如初祝取奠觶祭亦如之不盡益反奠之主人再拜稽首**鉤袒如今擐衣也苴所以藉祭也孝子始將納尸以事其親爲神疑於其位設苴以定之耳或曰苴主道也則特牲少牢當有主象而無何乎

〔疏〕佐食至稽首○注鉤袒至何乎○釋曰云鉤袒如今擐衣也者經云鉤袒若漢時人擐衣以露臂故云如今擐衣也云孝子始將納尸以事其親爲神疑於其位設苴以定之耳者案上文祝取苴降洗設於几東者至此乃祭于苴下文乃延尸是孝子迎尸之前用苴以將納尸以事其親爲神疑於其位故設苴以定之解預設苴之意也云或曰苴主道也則特牲少牢當有主象而無何乎者解舊有人云苴主道似重爲主道然故鄭破之云若是苴爲主道特牲少牢吉祭亦當有主象亦宜設苴今而無苴何乎是鄭以苴爲藉祭非主道也若然此據文有尸而言將納尸有苴案下記文無尸者亦有苴又特牲少牢吉祭無苴案司巫祭祀則供匰主及蒩館常祀亦有苴者以天子諸侯尊者禮備故吉祭亦有苴凶祭有苴可知

祝祝卒主人拜如初哭出復位祝祝者釋孝子祭辭

祝迎尸一人衰絰奉篚哭從尸尸主也孝子之祭不見親之形象心無所繫立尸而主意焉一人主人兄弟檀弓曰既封主人贈而祝宿虞尸〔疏〕祝迎至從尸○注尸主至虞尸○釋曰自此盡如初論迎尸入九飯之事鄭知一人衰絰是主人兄弟者以主人哭出復位無從尸之理又云衰絰且非疏

衰故知一人衰絰是主人兄弟也引檀弓者證祝隨主人葬先反宿虞尸故得有祝迎尸之事云既封者封當爲窆窆下棺也

尸入門丈夫踊婦人踊踊不同文者有先後也尸入主人不降者喪事主哀不主敬

疏 尸入至人踊○注踊不至主敬○釋曰云踊不同文者有先後也者主人在西序東面衆兄弟西階下亦東面婦人堂上當東序西面故主人與兄弟見尸先踊婦人後見尸故後踊是有先後云尸入主人不降者喪事主哀不主敬者決特牲少牢尸入主人皆降立于阼階東敬尸故此不降爲主哀

淳尸盥宗人授巾淳沃也沃尸盥者賓執事者也

疏 淳尸至授巾○注淳沃至者也○釋曰此直言盥不言面位案特牲云尸入門左北面盥宗人授巾上陳器時匜水之等在西階之東合在門左則以器就特牲注云侍盥者執其器就之若然特牲設尸盥在門內之右注云尸尊不就洗門內之右象洗在東此虞禮反吉祭故在西階東少牢禮異於士禮故尸盥在西階東與此虞禮同也云沃尸盥者賓執事者也案上文賓與主人皆在執事之中旣宗人授巾明沃盥亦賓執事也

尸及階祝延尸延進也告之以升

疏 尸及階祝延尸○注延進至以升○釋曰

案特牲云祝延尸注云延進也在後詔侑曰延又案少牢注云由後詔相之曰延然則延者皆在後也若然記云尸謖祝前鄉尸又曰降階還及門如出戶注云降階如升時以此言之降在尸前云如升者直取與尸升同不取後同故禮器詔侑無方是也

尸升宗人詔踊如初言詔踊如初則凡踊宗人詔之〔疏〕尸升至如初○注言詔至詔之○釋曰云言詔踊如初則凡踊宗人詔之者以其上無宗人詔踊之事以此宗人詔踊云如初明前踊幷明下文踊皆宗人詔之故鄭云凡也

尸入戶踊如初哭止哭止尊尸

婦人入于房辟執事者〔疏〕婦人入于房○注辟執事者○釋曰以其婦人在堂上執事者由堂東故辟之入房也

主人及祝拜妥尸尸拜遂坐妥安坐也〔疏〕主人至遂坐○釋曰案郊特牲注云尸即至尊之坐或時不自安則以拜安之此亦然妥安坐也爾雅文

從者錯篚于尸左席上立于其北北席北也〔疏〕從者至其北○注北席北也○釋曰此虞禮篚象特牲肵俎肵俎置于席北明此篚亦在席北以擬盛尸之饌也

尸取奠

左執之取菹擩。于醢。祭于豆間。祝命佐食墮祭。下祭曰墮墮之猶言墮下也周禮曰既祭則藏其墮謂此也今文墮爲綏特牲少牢或爲羞失古正矣齊魯之閒謂祭爲墮〔疏〕尸取至墮祭○注下祭至爲墮○釋曰云尸取奠左執之者以右手將墮故也云下祭曰墮者以其凡祭皆手舉之向下祭之故云下祭曰墮云墮之猶言墮下者案左傳云子路將墮三都以三都大高故墮下之取墮爲下祭之義故讀從之引周禮守祧職云既祭。藏其墮謂此也者謂此墮祭一也引之者證守祧同之耳云今文墮爲綏又云特牲少牢或爲羞失古正矣者此二字皆非墮下之義故云失古正也云齊魯之閒謂祭爲墮者齊南魯北謂祭爲墮者由墮下而祭因即謂祭爲墮是鄭從墮不從綏與羞之意也案特牲云祝命挼祭注云士虞禮古文曰祝命佐食墮祭周禮曰既祭則藏其墮墮與挼讀同耳今文改挼皆爲綏古文此皆爲擩祭也又少牢尸將酢主人時上佐食以綏祭鄭注云綏讀爲墮此三處經中墮皆不同者此五字或爲墮或爲挼或爲羞或爲綏或爲擩此五者鄭既以挼綏及羞三者已從墮復云古文作擩以其特牲及此士虞皆有擩祭故亦兼擩解

佐食取黍稷肺

祭授尸尸祭之祭奠祝祝主人拜如初尸嘗醴奠之如初亦祝祝卒乃再拜稽首〈疏〉佐食至奠之○注如初至稽首○釋曰云如初亦祝祝卒乃再拜稽首者亦如上文迎尸前祝祝卒也佐食舉肺脊授尸尸受振祭嚌之左手執之右手將有事也尸食之時亦奠肺脊于豆〈疏〉佐食至執之○注右手至于豆○釋曰案特牲祝命爾敦佐食爾黍稷于席上舉肺脊以授尸尸受振祭嚌之彼舉肺脊在爾敦後此舉肺脊在爾敦前者彼吉祭吉凶相變故也云右手將有事也者爲下文祭鉶嘗鉶是也云尸食之時亦奠肺脊於豆者解經無奠文知不執以食卒者案下文云尸卒食佐食受肺脊實于篚在尸手當云受肺脊又知在豆者特牲云尸實舉於菹豆是也案特牲尸乃食食舉注云舉言食者明凡解體皆連肉少牢云食舉注云舉牢肺正脊也先飯啗之以爲道也此喪祭不言食舉亦食舉可知是以特牲注云肺氣之主也脊正體之貴者先食啗之所以道食通氣也案下文注云尸不受魚腊以喪不備味則亦不食庶羞矣祝命佐食邇敦佐食舉黍錯

于席上邇近也尸祭鉶嘗鉶右手也少牢曰以柶祭羊鉶遂以祭豕鉶嘗羊鉶〔疏〕尸祭鉶嘗鉶。注右手至羊鉶。釋曰知以右手者上經云佐食舉肺脊授尸尸受振祭嚌之左手執之鄭云右手將有事指此嘗鉶用右手也引少牢者證此經嘗祭之時亦用柶案下記云鉶芼用苦若薇有滑夏用葵冬用荁有柶是用柶祭之義黍羹湆自門入設于鉶南胾四豆設于左博異味也湆肉汁也胾切肉也〔疏〕黍羹至于左。注博異至肉也。釋曰云設于鉶南者以黍羹湆未設故繼鉶而言之其實鉶北留空處以待黍羹云胾四豆設于左者案特牲四豆設于左南上云左者正豆之左又少牢云上佐食羞胾兩瓦豆有醢設于薦豆之北注云設於薦豆之北以其加也言北亦是左也云博異味者以其有滑有胾故也尸飯播餘于篚不反餘也古者飯用手吉時播餘于會古文播爲半〔疏〕尸飯播餘于篚。注不反至爲半。釋曰云古者飯用手者案曲禮云無摶飯又云無放飯飯黍毋以箸故知古者飯用手言此者證播飯去手爲放飯云吉時播餘于會者可知故決之三飯佐食舉幹尸受振祭嚌之實于篚飯門啗肉安食氣〔疏〕三飯至于篚○注飯閒至食氣○釋曰云飯閒啗肉安食氣者以其胳脊骨體連肉又在三飯之閒故云飯閒啗肉安食氣

又三飯舉胳祭如初佐食舉魚腊實于篚尸不受魚腊以喪不備味〔疏〕又三至于篚○注尸不至備味○釋曰云尸不受魚腊者案經佐食舉魚腊不云尸受嚌之明尸不受魚腊可知云以喪不備味者案特牲三舉魚腊尸皆振祭嚌之此佐食舉魚腊實於篚尸不嚌故云喪不備味

又三飯舉肩祭如初後舉肩者貴要成也〔疏〕又三至如初○注後舉至成也○釋曰云後舉肩者貴要成也者案禮記祭統云周人貴肩故云貴者要成也要成者據後食即飽也

舉魚腊俎俎釋三个釋猶遺也遺之者君子不盡人之歡不竭人之忠个猶枚也今俗或名枚曰個音相近此腊亦七體如其牲也〔疏〕舉魚至三个○注釋猶至牲也○釋曰此經直舉魚腊俎盛於篚俎釋三个不言盛牲體者案下記云羹飪升左肩臂臑肫胳脊脅七體此上經佐食初舉脊次舉幹又舉胳終舉肩摠舉四體唯有臂臑肫三者佐食即當

俎釋三个不復盛牲體故直舉魚腊而已云遺之者君子不盡人之歡不竭人之忠此上曲禮文案彼注歡謂飲食竭謂衣服於此引之併據飲食者彼注對文此注散文則歡與忠通故揔證牲體也又案特牲釋三个注云謂改饌於西北隅遺之與此注不同者此注亦有改饌之義又兼有此不盡歡忠之禮云今俗或名枚曰個音相近者經中个人下竪牽俗語名枚曰個者人傍著固字雖不同音聲相近同是一个之義云此腊亦七體如其牲也者案下記牲有七體此腊亦不過特牲體故云如其牲言此以對彼案彼特牲吉祭十一體是以特牲記云腊如牲骨乃有十一體與此不同吉禮異故也

尸卒食佐食受肺脊實于篚反黍如初設九飯而已士禮也篚猶吉祭之有肵俎

【疏】尸卒至初設○注九飯至肵俎○釋曰云反黍如初設者案上設黍稷在俎南西黍東稷次上文佐食舉黍錯于席上此尸卒食故反黍于本處如初設云九飯而已士禮也者少牢十一飯諸侯十三飯天子十五飯故云九飯士禮也云篚猶吉祭之有肵俎者案特牲少牢尸舉牲體振祭嚌之皆加於肵俎此尸舉牲體振祭嚌之皆實於篚故云篚猶吉祭之有肵俎

主人洗廢爵酌酒酳尸

尸拜受爵，主人北面荅拜。尸祭酒，啐之。爵無足曰廢爵。酳，安食也。主人北面以酳酢，變吉也。凡異者皆變吉。古文酳作酌。

疏 主人至啐之○注爵無至作酌○釋曰：自此盡升堂復位，論主人初獻尸，并獻祝及獻佐食之事。云爵無足曰廢爵者，案下文主婦洗足爵，鄭云爵有足，輕者飾也，則主人喪重，爵無足可知。凡諸言廢者，皆是無足，廢敦之類是也。云主人北面以酳酢變吉也者，案特牲、少牢，尸拜受，主人西面拜送，與此面相反，故云變吉也。案特牲直有主人送拜，雖不見主人面位，約與少牢同，皆西面也。云凡異者皆變吉者，案特牲云主人拜送，此云主人荅拜；特牲云尸卒角，祝受尸角，曰送爵，此不云送爵；特牲嚌肝訖加於菹豆，此嚌肝訖加於俎，皆是與於吉時，故云凡異者皆變吉。

賓長以肝從，實于俎，縮，右鹽。縮，從也。從實肝炙於俎也。喪祭進柢。右鹽，於俎近北，便尸取之也。縮執俎，言右鹽，則肝鹽併也。

疏 賓長至右鹽○注縮從至併也○釋曰：云縮從也，從實肝炙於俎也，喪祭進柢者，案下記云載猶進柢，柢，本也，謂肝之本頭進之向尸。云右鹽於俎近北便尸取之也者，從執俎一頭向尸，據執俎之人，左畔有肝，右畔有鹽，西面向尸，尸東面，以右手取肝於俎右畔擩鹽於左畔是以鹽於俎之近北便尸取之云縮執俎言右鹽則肝鹽併也者謂俎既縮執則狹肝鹽不容相遠是執俎人右畔有鹽左畔有肝故云併也

尸左執爵右取肝擩鹽振祭嚌之加于俎賓降反俎于西塾復位取肝右手也加于俎從其牲體也以喪不志於味

疏尸左至復位○注取肝至於味○釋曰復位者謂賓長也尸既振肝訖復西階前衆兄弟之南東面位云以喪不志於味者決特牲少牢尸嚌肝訖加菹豆以近身此虞禮尸嚌肝訖不加于菹豆而遠加於俎以同牲體者以喪志不在於味故遠身加俎也若然特牲少牢祝不敢與尸同加於菹豆嚌肝訖加于俎與此尸同者祝無不在位之嫌禮窮則同故也

尸卒爵祝受不相爵主人拜尸荅拜不相爵喪祭於禮畧相爵者特牲曰送爵皇尸卒爵祝酌授尸尸以醋主人主人拜受爵尸荅拜醋報主人坐祭卒爵拜尸荅拜筵祝南面祝接神尊也筵用萑席

疏筵祝

南面○注祝接至葅席○釋曰上文尸用葦席其祝席經記雖不言以尸用在喪故不用萑今祝宜與平常同故用萑也云祝接神尊也者解先得獻之事

主人獻祝祝拜坐受爵主人荅拜獻祝因反西面位

疏主人至荅拜○注獻祝至面位○釋曰云獻祝因反西面位者以少牢云主人受酢時主人拜受爵尸荅拜主人西面奠爵特牲云主人拜受角。雖不言西面彼注云退者進受爵反位則西面也是吉祭時主人西面故上注云北面以酳酢變吉也今至酳酢及獻祝說明因反西面位可知也

薦菹醢設俎祝左執爵祭薦奠爵興取肺坐祭嚌之興加于俎祭酒嘗之肝從祝取肝擩鹽振祭嚌之加于俎卒爵拜主人荅拜今文無擩鹽

疏薦菹至荅拜○釋曰此直言薦菹醢設俎者不見薦徹之人案下文云祝薦席徹入于房注云徹薦席者執事者則此設者亦執事可知

祝坐受主人主人酌獻佐食佐食北面拜

坐受爵主人荅拜佐食祭酒卒爵拜主人荅拜受爵出實于篚升堂復位篚在庭不復入事已也亦因取杖乃東面立疏注篚在至面立○釋曰云篚在庭者此雖無文約同薦車設遷奠之等也云不復入事已也亦因取杖乃東西面立者上文哭時主人升堂西序東面又上文云主人倚杖入今升堂復位不復入室以其事已因得取杖復東面位也

主婦洗足爵于房中酌亞獻尸如主人儀爵有足輕者飾也昏禮曰內洗在北堂直室東隅疏主婦至人儀○注爵有至東隅○釋曰自此盡入于房論主婦獻尸尸祝及佐食之事云如主人儀者即上主人酳尸尸拜受爵主人北面荅拜之等今主婦亞獻亦然故云如主人儀也云爵有足輕者飾也者主婦主人之婦爲舅姑齊衰是輕於主人故爵有足爲飾也引昏禮者證經洗爵于房中不言設洗處宜與昏禮同也

自反兩籩棗栗設于會南棗在西尚棗棗美疏自反至在西○注尚棗棗美○釋曰案特牲宗婦執兩籩主婦受設于敦南此主婦自反

兩籩不使宗婦者以喪尚縱縱反吉故然上主人獻使贊薦菹醢注云齊斬之服不執事者彼爲主人獻故不使主婦薦此是獻已所有事故自薦可知

尸祭籩祭酒如初賓以燔從如初尸祭燔卒爵如初酌獻祝籩燔從獻佐食皆如初以虛爵入于房初主人儀〔疏〕尸祭至于房○注初主人儀○釋曰此尸祭籩已下至籩燔從獻佐食皆舉主人獻尸賓長以肝從至佐食祭酒卒爵拜主人荅拜受爵出實于篚並如主人儀故皆云如初也

賓長洗繶爵三獻燔從如初儀繶爵口足之間有篆又彌飾〔疏〕賓長至初儀○注繶爵至彌飾○釋曰此一節論賓長終三獻之事云繶爵口足之間有篆又彌飾者案屨人繶是屨之牙底之間縫中之飾則此爵云繶者亦是爵口足之間有飾可知云又彌飾以其主婦有足已是有飾今口足之間又加飾也

婦人復位復堂上西面位事已尸將出當哭踊〔疏〕婦人復位○注復堂至哭踊○釋曰自此盡拜稽顙論祭訖送尸及改饌爲陽厭之事云復堂上西面位者上云主人即位於門外

如朝夕臨位婦人及內兄弟服即位於堂亦如之以下更不見別有婦人位明復位者還此位可知又案士喪禮凡臨位婦人即位于堂南上卽。面位也云尸將出當哭踊者以哭送此喪祭故踊特牲吉祭不哭踊故亦無此復位之事也**祝出戶西面告利成主人哭**西面告告主人也利猶養也成畢也言養禮畢也不言養禮畢於尸閒嫌〔疏〕祝出至人哭○注西面至閒嫌○釋曰云西面告告主人也者以處主人東面故祝西面對而告之云不言養禮畢於尸閒嫌者若言養禮畢即於尸中閒有嫌諷去之或本閒作閑音以養尸事畢而尸空閑嫌諷去之**皆哭**丈夫婦人於主人哭斯哭矣〔疏〕皆哭○注丈夫至哭矣○釋曰言上云主人哭則主人之外緦麻以上在位者皆哭故鄭揔丈夫婦人於主人哭斯哭矣**祝入尸謖**謖起也祝入而無事尸則知起矣不告尸者無遺尊者之道也古文謖或爲休〔疏〕祝入尸謖○注謖起至爲休○釋曰云祝入而無事尸則知起矣者雖不告尸無事尸亦知無事禮畢而起矣云不告尸者無遺尊者之道也者謂不告尸以禮畢者尸尊若告之則如發遣尊者故云不告尸者無遺尊者之道也**從者奉篚哭如初**初哭從尸祝前尸出戶踊如初降堂踊如初出門亦如之前道也如初者出如入降如升三者之節悲哀同【疏】祝前至如之○注前道至哀同○釋曰案上文尸入門丈夫踊婦人踊尸及階祝延尸尸升宗人詔踊如初尸入戶踊如初故此鄭云出如入降如升三者之節悲哀同是以如之得有三者也祝反入徹設于西北隅如其設也几在南厞用席改設饌者不知鬼神之節改設之庶幾歆饗所以爲厭飫也几在南變古○文明東面不南面漸也厞隱也于厞隱之處從其幽闇【疏】祝反至用席○注改設至幽闇○釋曰祝反入謂送尸出門而反入徹神前之饌故設於西北隅也云如其設也者謂設于西北隅次第一如奧中東面設云几在南變古○文者上文陰厭時設几席于室中東面右几今云几在南明其同必變文者案少牢大夫禮陽厭時南○亦几在右此言右几嫌與大夫同南面而右几故變文云几在南與前在奧同故云明東面也又以特牲云祝筵几于室中東面至於改饌云佐食徹尸薦俎敦設于西北隅几在南是與此同也云不南面漸也者以特牲東面右几今虞爲喪祭是向吉有漸

故設凡與吉祭同扉隱也于扉隱之處從其幽闇者謂以席爲障使之隱故云扉隱從其幽闇也

祝薦席徹入于房祝自執其俎出徹薦席者執事者祝薦席則初自房來

（疏）祝薦至俎出。注徹薦至房來。釋曰云徹薦席者執事者但祝之薦席設與徹不言其人知使執事者以其主人之士不言官者皆爲之故也云祝薦席則初自房來者以其上文神席在西序下此祝經記俱不言今知自房來者見公食大夫記云筵出自房昏禮與士冠席皆亦在于房故比祝席亦自房來今還于房可知也

贊闔牖戶鬼神尚居幽闇或者遠人乎贊佐食者

（疏）贊闔牖戶。注鬼神至食者。釋曰云或者遠人者乎禮記郊特牲文此鄭玄之義非直取鬼神居幽闇或取遠人之意故也知是生人之意云贊佐食者自上以來行事唯有祝與佐食以其云祝自執其俎出故知闔牖戶者是佐食也

主人降賓出宗人詔主人降賓則出廟門

主人出門哭止皆復位門外未入位

（疏）注門外未入位。釋曰知是門外位者以經云出門乃更云皆復位明門外未入位可知

宗人告事畢賓出主

人送拜稽顙。送拜者，明于大門外也。賓執事者皆去，即徹室中之饌者，兄弟也。

疏「宗人至稽顙」。○注「送拜至弟也」。○釋曰：云「送拜者，明于大門外也」者，以其上文云「復位」是殯門外，未出大門，此云「送拜」是大門外送拜可知。知「徹室中之饌者，兄弟也」者，賓即執事，而云賓出，則室中無執事之人，唯有兄弟，故徹室中之饌者兄弟可知也。

記：虞，沐浴，不櫛。沐浴者，將祭自絜清。不櫛，未在於飾也。唯三年之喪不櫛，期以下櫛可也。今文曰沐浴。

疏「記虞沐浴不櫛」。○注「沐浴至沐浴」。○釋曰：云「唯三年之喪不櫛，期以下櫛可也」者，經云不據三年爲主，案下文班祔而明期以下虞而沐浴櫛可也。

陳牲于廟門外，北首，西上，寢右。言牲，腊在其中。西上，變吉。寢右者，當外左胖也。腊用棜。檀弓曰：「既反哭，主人與有司視虞牲。」

疏「陳牲至寢右」。○注「言牲至虞牲」。○釋曰：知腊在牲中者，士虞唯有一豕，而云西上，明知兼兔腊，得云西上也。云「西上，變吉」者，案少牢二牲東上，是吉祭東上，今此西上，是變吉也。云「寢右者，當外左胖也」者，若然，特牲腊在東，皆於棜東首，牲在西尚右，今虞禮反吉，故寢右外左胖。知腊用棜者，案特牲陳鼎於門外北面北上，棜在南，南順，實獸于其上，東首是也。明檀

弓者證虞時有牲之事**日中而行事**朝葬日中而虞君子舉事必用辰正也再虞三虞皆質明

疏日中而行事。注朝葬至質明。釋曰云辰正者謂朝夕日中也以朝有葬事故至日中而行虞事也云再虞三虞皆質明者以朝無葬事故皆質明而行虞事是用朝之辰正也**殺于廟門西主人不視豚解**主人視牲不視殺凡爲喪事畧也豚解解前後脛脊脅而已孰乃體解升於鼎也今文無廟

疏殺于至豚解。注主人至無廟。釋曰云主人視牲不視殺凡爲喪事畧也者案特牲饋食禮宗人告濯具賓出主人出皆復外位鄭云爲視牲也又曰告事畢賓出主人拜送夙興主人服如初立于門外東方南面視側殺然則特牲吉祭故主人視牲又視殺今虞爲喪事故主人視牲不視殺是其畧也凡者衆辭但此經與特牲饋食不同者皆爲喪事畧故云凡以廣之豚解解前後脛脊脅而巳孰乃體解升於鼎也者體解下文七體是也

羹飪升左肩臂臑肫胳脊脅離肺膚祭三取諸左膉上肺祭一實于上鼎肉謂之羹飪孰也脊脅正脊正脅也喪祭畧七體耳離肺舉肺

也少牢饋食禮曰舉肺一長終肺祭肺三皆切膉脰肉也古文曰左股上此字從肉殳殳矛之殳聲【疏】羹飪至上鼎○注肉謂至殳聲○釋曰肉謂之羹爾雅釋器文飪孰釋言文云脊脅正脊正脅也者案特牲注云不貶正脊不奪正也然則此爲喪祭體數雖略亦不奪正故知脊脅正脊正脅也云喪祭略七體耳者案特牲尸俎右肩臂臑肫胳正脊二骨橫脊長脅二骨短脅注云士之正祭禮九體貶於大夫有二脊骨二亦得十一之名合少牢之體數此所謂放而不致者然則此所升唯七體故云喪祭略七體耳云離肺舉肺也者案特牲注云離猶捝也小而長午割之亦不提心謂之舉肺是也引少牢饋食禮者證離肺舉肺之異也云膉脰肉也者案少牢云雍人倫膚九實于一鼎注云倫擇也膚脅革肉擇之取美者案下注今以脰肉貶於純吉則此用膉爲貶於純吉之事也云古文曰左股上此字從肉殳殳矛之殳聲者鄭注儀禮疊古文從經今文又說古文解之者鄭欲兩從故也但字從肉義可知而以殳與股不是形人之類其理未審

升魚鱄鮒九實于中鼎差減之【疏】升魚至中鼎○注差減之○釋曰差減之者案特牲魚十有五今爲喪祭略而用九故云差減之也

升腊左胖髀不升實

于下鼎腊七亦體牲之類〔疏〕升腊至下鼎○注腊七亦體牲之類○釋曰云腊亦七體牲之類者牲上文升左肩臂臑肫胳脊脅是牲之七體今升腊左胖亦然特牲記云腊如牲骨是也皆設扃鼏陳之嫌既陳乃設扃鼏也今文扃作鉉古文鼏作密〔疏〕皆設扃鼏陳之○注嫌既至作密○釋曰云嫌既陳乃設扃鼏也者經云陳三鼎後言設扃鼏有嫌故記人辯之皆先扃鼏後陳之也載猶進柢魚進鬐猶猶士喪既夕言未可以吉也柢本也鬐脊也今文柢爲胝古文鬐爲耆〔疏〕載猶至進鬐○釋曰鬐柢二者皆變於吉是以少牢云下注猶猶至爲耆○釋曰鬐柢二者皆變於吉是以少牢云下利升豕其載如羊皆進下注云變於食也又曰腊一純而俎亦進下又曰魚用鮒十有五而俎縮載右首進腴注云亦變於食生也是皆與此反矣是變於吉也云猶猶士喪既夕言未可以吉也者云與吉反則明與生人同士喪禮小斂云皆覆進柢注云柢本也進本者未異於生也至大斂載魚左首進鬐腊進柢鄭注云亦未異於生也又葬奠云如初皆未異於生故記人以猶之是以鄉飲酒鄉射記皆云右體進腠是也祝俎髀脰脊脅離肺陳于階間敎東不升於鼎賤也

統於敎明神惠也〔疏〕祝俎至敎東○注不升至下尸○釋曰云不升於鼎賤也者祝對上尸俎羹飪升於鼎爲貴者也云統於敎明神惠也者案上文饌黍稷二敦於階閒西上是神之黍稷今陳祝饌于神饌之東統于神物明惠由神也云祭以離肺下尸者以其尸祭用刌肺祝不用刌肺用離肺故云下尸也淳尸盥執槃西面執匜東面執巾在其北東面宗人授巾南面槃以盛棄水爲淺汙人也執巾不授巾卑也〔疏〕淳尸至南面○注槃以至卑也○釋曰上經直云淳尸盥宗人授巾不云執槃與執匜執巾及宗人授巾等面位故記人明之主人在室則宗人升戶外北面當詔主人室事〔疏〕主人至北面○注當詔主人室事○釋曰上經唯言宗人告有司具及詔主人踊皆堂下之事今主人入室宗人當升戶外詔主人室中之事故升堂也佐食無事則出戶負依南面室中尊不空立戶牖之閒謂之依〔疏〕佐食至南面○注至中至之依○釋曰云戶牖之閒謂之扆此爾雅文謂戶西南面也鉶芼用

苦若薇有滑夏用葵冬用荁有柶苦苦荼也荁堇類也乾則
滑夏秋用生葵冬春用乾荁古文苦爲枯今文或作芐〈疏〉鉶芼至有柶○注苦苦至作芐○釋曰案公食記三
牲具則牛藿羊苦豕薇各用其一若一牲者容兼用其二是以及特牲一豕皆云鉶芼苦薇是科用其一也知荁堇類者
內則云堇荁枌榆同爲滑物故知荁堇類也云乾則滑者以其冬用之故知乾則滑于堇也云夏秋用生葵冬春用乾荁
者以其秋與夏同有生葵春初木生者故春約與冬同是以經直云冬明舉夏以兼秋舉冬以兼春也豆實
葵菹菹以西蠃醢籩棗烝栗擇棗烝栗擇則菹刌也棗烝栗擇則豆
不揭籩有籐也〈疏〉豆實至栗擇○注棗烝至籐也○釋曰云棗烝栗擇則菹刌也棗烝栗擇則豆不揭籩有籐也
者此雖無正文案士喪禮大斂云毼豆兩其實葵菹芋蠃醢兩籩無籐布巾其實栗不擇脯四脡自大斂後皆云如初則
葬奠四豆脾析葵菹亦長矣四籩棗糗栗脯亦不擇也至此乃云棗烝栗擇則菹亦切矣豆籩有飾可知尸入
祝從尸祝在主人前也嫌如初時主人倚杖入祝從之初時主人之心尚若親存宜自親之今既接神祝當

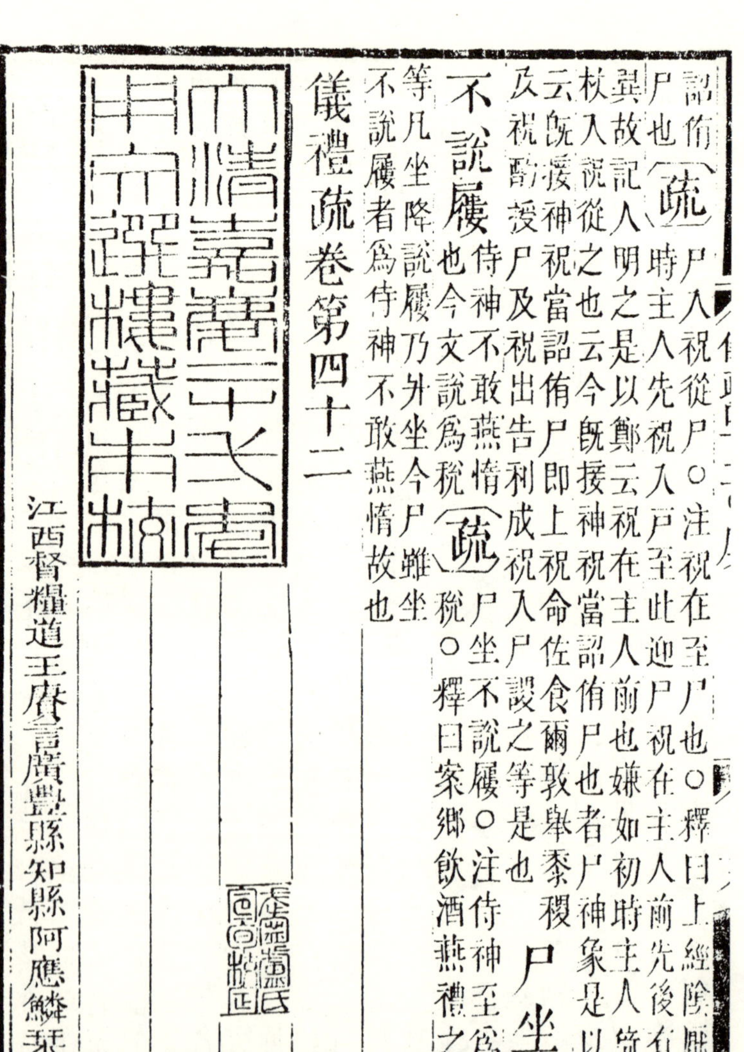

詔侑〔疏〕尸入祝從尸○注祝在至尸也○釋曰上經陰厭尸也〔疏〕時主人先祝入戶至此迎尸祝在主人前先後有異故記人明之是以鄭云祝在主人前也嫌如初時主人倚杖入祝從之也云今既接神祝當詔侑尸也者尸神象是以云既接神祝當詔侑尸即上祝命佐食爾敦舉黍稷及祝酌授尸及祝出告利成祝入尸謖之等是也

尸坐不說屨侍神不敢燕惰也今文說爲稅〔疏〕尸坐不說屨○注侍神至爲稅○釋曰案鄉飲酒燕禮之等凡坐降說屨乃升坐今尸雖坐不說屨者爲侍神不敢燕惰故也

儀禮疏卷第四十二

大清嘉慶二十年用文選樓藏本校

盧氏宣旬校正

江西督糧道王賡言廣豐縣知縣阿應鱗栞

儀禮注疏卷四十二挍勘記　阮元撰盧宣旬摘録

士虞禮第十四

虞安也　安上集釋楊氏俱有猶字按釋文有猶字李楊自據釋文勿以改疏

士既葬父母　通解要義同毛本楊氏葬下有其字○按此其字與下句而字亦俱見釋文

日中祭　要義楊氏同毛本通解中下有而字

小戴第十五　當作第八第十五乃聘禮

士虞禮

其云饋者　者陳閩俱作也

側亨于廟門外之右

云側亨亨一胖也　毛本胖誤作判

云是日也至喪祭　毛本作云是日也以虞易奠祔而以吉祭易喪祭通解與毛本同

尊兩甒於廟門外之右少南　南下陳閩通解俱有水尊在酒西五字

則鼎鑊亦在門左　要義同毛本此下更有以此知卒哭對虞爲吉祭也十一字通解同

明日以其班祔沐浴又云　要義同毛本無沐浴又云四字有用專膚爲折俎取諸脛脰十字通解同

魚腊爨亞之

故王孫賈問孔子曰　問下要義有於字

素几葦席

每燾一几　陳閩通解要義同毛本燾作敦○按周禮司几筵作每敦一几鄭注敦讀曰燾卽改爲燾字此正義例也

饌兩豆菹醢于西楹之東

又左菹右醢　陳閩通解同毛本菹作俎按菹是也

匜水錯于槃中○簞巾在其東　巾唐石經徐本釋文集釋楊敖俱作巾通解毛本作布石經考文提要云特牲少牢皆有簞巾

陳三鼎于門外之右

今文扃爲鉉　爲釋文要義俱作作

匕俎在西塾之西

在內西塾上　此句下而在塾上四字毛本通解無

主人及兄弟如葬服○皆即位于門外　外下通典有之左二字

卒去無時之哭　陳本通解要義同毛本去作云

則依其喪服　陳本通解要義同毛本依作作

即此經賓執事者弔服是也　要義同毛本是作士

取於大功以下　要義同毛本通解取上有則字○按此本誤脫曾子問有則字

祝免澡葛經帶

祝所親也　祝閩監葛本俱誤作祀

然則士之屬官　浦鏜云吏誤官從雜記疏按盧文弨云疏作吏○按上節疏引此注作官

宗人告有司具

朝夕哭祭時　毛本通解無祭字

主人即位于堂

乃反哭入門升自西階　徐本集釋通解楊敖同毛本門作則浦鏜云既夕經無此字

此則異於朝夕　徐本楊敖同毛本通解無此則二字

贊爲菹醢

衰斬之服　徐本集釋通解同通典要義楊氏毛本衰俱作齊按疏作齊

佐食及執事盥出

西方位也　徐本集釋楊敖同毛本通解西上有在字

主人再拜稽首

復位復主人之左　此注徐本通典集釋楊敖俱在稽首下與單疏標目合通解與毛本同按通解截經文復位以上爲設饌節主人再拜以下爲饗神節遂移此注于復位下

祝饗

祝從在左　毛本左下有右字通解誤作左屬下句

告神饗　徐本集釋楊氏同通解毛本饗下有也字

下至適爾皇祖某甫尙饗　徐本集釋楊氏同毛本通解無尙字

佐食許諾

如今擐衣也　擐釋文作揎云音宣手發衣曰揎又作擐音患古患反要義載注及疏亦俱作揎

當有主象而無何乎　徐本集釋要義楊氏同毛本通解何作可

按上文祝取苴降洗設于几東者　要義同毛本洗作席按洗是也

祝迎尸一人衰絰奉篚　陸氏曰篚本亦作筐

心無所繫　徐本集釋通解楊敖同毛本心作公○按儀禮圖亦作心

無從尸之理　陳閩通解要義同毛本理作禮

尸及階

如出戶　毛本戶誤作尸

云如升者　毛本通解如作以

從者錯篚于尸左

象特牲肵俎肵俎置于席北　肵俎二字毛本通解不重出

尸取奠左執之

隋之猶言隋下也　猶言二字集釋倒張氏曰按釋文云猶隳則言字當在猶字上墮下之隋當作隳今本以隋解隋其誤不待辨從釋文識誤按云隋古通用隋周禮守祧之文可證即儀禮中亦皆作隋故注以隋解之若隳乃隋之俗體耳注文當作隋之言猶隋張氏不知上隋字與經並應爲隋而改下隋字以從俗疏矣○按儀禮內隋祭之隋或作隋或作墮諸本不能畫一說文隋裂肉也唐韻徒果切此字惟周禮有之他經罕見自隋以來借爲隨字而本音本義亡矣此注以隋下釋隋祭世遂以隨代隋閒有作隋者據周禮正之也

既祭藏其隋通解要義同毛本祭下有則字按周禮有則字

謂此隋祭一也此要義作比

不從綏與羞之意也通解同毛本意作義

隋與挼讀同耳也陳本通解要義同毛本挼作綏按挼是

佐食舉肺脊授尸

祝命爾敦楊氏同毛本通解爾作邇下同

尸祭鉶嘗鉶

冬用苣閩監同毛本陳本通解苣俱作苴○按説文是苣字

尸飯播餘于篚

飯黍毋以箸陳本通解要義同毛本箸作著○按説文有箸無著

證播飯去手爲放飯　通解要義同毛本播作搏

三飯

飯門昭肉安食氣　毛本門作間張氏曰監巾箱杭本間作門從諸本

主人洗廢爵

古文酳作酌　錢大昕曰說文無酳字說文酌少少飲也音與酳同學者多聞酌少聞酳故注文譌爲酳釋文於酌無音蓋陸所見本已譌爲酌矣

與此面相反　毛本通解此作北

賓長以肝從

從實肝炙於俎也　從通解敖氏俱作縮

喪祭進柢　柢嚴本敖氏俱从手似誤

尸左執爵

祝不敢與尸同加於菹豆　毛本菹誤作俎

加于俎　通解同毛本于作與

祝酌授尸尸以醋主人　陸氏曰醋本亦作酢

主人坐祭

解先得獻之事　毛本通解先得作得先

主人獻祝

獻祝因反西面位　面徐本集釋楊氏俱作面與此本標目合通解毛本作南周學健云上主人倚杖入西面是其西面位也

主人拜受角　毛本通解角下有尸拜送主人退六字此本無

主人酌獻佐食

約同薦車設遷奠之等也通解同毛本遷奠作薦奠閩本誤作薦尊

乃東西面立者毛本通解無西字

主婦洗足爵于房中

尸拜受爵尸陳閩俱作及

自反兩籩棗栗

設于敦南此此通解楊氏俱作此屬下句毛本作北

賓長洗繶爵

口足之間有篆篆下通典有文字是也

婦人復位

鄉面位也　要義同毛本通解鄉下有西字

祝出戶

以處主人東面　以字下陳閩通解俱有其字面陳閩俱無

故祝西面對而告之　面閩本作南

祝入尸謖

謖起也祝入而無事　上三字毛本俱脫徐本通典集釋楊氏俱有與單疏標目合通解無按通解載釋文於注前已有此三字遂刪注首

祝前尸出戶

尸入戶踊如初　陳閩通解要義同毛本戶作尸○按戶是也

祝反入

庶幾歆饗　毛本饗作響徐陳閩葛集釋通解俱作饗

變古文明東面　古通典集釋俱作右張氏曰疏云上文設几席于室中東面右几今云几在南明其同必變文者少牢大夫禮亦几在南此言右几嫌與大夫同予以爲鄭氏稱作經者變上右几之文耳已未必及大夫也然古必作右從疏盧文弨校引方云古乃吉之譌文乃又之譌○按張說與通典合方說恐非

變古文者　古要義作右按右字是

今云几在南　要義楊氏同毛本通解云作文按識誤引疏亦作云

陽厭時南　要義同通解楊氏毛本南下有面字

祝薦席徹

以其主人之士　毛本通解士作事

今還于房可知也　毛本通解于作與

贊闔牖戶

鬼神尚居幽闇　通典無居字

或者遠人乎　張氏曰疏者作諸特牲饋食禮注亦曰或諸遠人乎從疏

云或者遠人者乎　上者字要義作諸與識誤合毛本者乎作乎者

知是生人之意　要義同通解毛本無

主人出門哭止　止上通典有者字

宗人告事畢

未出大門　陳閩通解楊氏同毛本大作入監本作八俱誤

記虞沐浴不櫛　敖氏無沐字云本云沐浴而鄭注乃云今文曰沐浴則是鄭氏但從古文元無沐字也毛本記與注首皆云沐浴蓋傳寫者誤衍之盧文弨云沐浴當刪爲浴沐疏云期以下虞而浴沐櫛可證蓋浴而沐沐而櫛

櫛而搔翦其次第如是後人見經書多言沐浴遂誤易之耳○許宗彥云今文曰沐浴蓋無不櫛二字異于古文耳觀後經文沐浴櫛蚤揃注曰今文曰沐浴蚤揃對勘自明矣證後注言今文無櫛字此注言今文無不櫛二字以後證前毫無可疑諸校者皆誤

虞而沐浴櫛可也 陳本要義同毛沐浴作浴沐

陳牲于廟門外

證虞時有牲之事 陳閩要義同毛本有作右

日中而行事

再虞三虞皆質明 毛本質誤作執疏同

故至日中而行虞事也 要義同毛本通解至作云

羹飪

此字從肉殳殳矛之殳聲　徐本集釋字上俱有此字與疏合毛本通解無此字肉下有從字○按此句當云此字從肉殳聲復於殳下加殳矛之殳四字乃注中之注也後人連讀更衍一從字則聲字如贅旒然

擇之取美者　通解同毛本美作羹○按美字是也

貶於純吉　毛本純作肫浦鏜云純誤肫

此字從肉殳　毛本肉下有從字

不是形人之類　是閩本誤作足人一本改作聲按說文股從肉殳聲與鄭注合賈氏於偏傍之學甚疏

升腊左胖

牲上文升左肩臂臑肫胳脊脅　要義同毛本無牲字

戢猶進柢

今文柢爲胝　徐本釋文集釋同毛本胝作眡通解作眡亦誤

下利升豕　通解同毛本升作生○按少牢是升字生字誤

變於食也　毛本通解食下有生字按當有生字

是皆與此反矣　通解同毛本與作於

皆覆進柢　通解要義同毛本覆作復

祝俎髀脰脊脅離肺　脰唐石經初刻作豆後加月

鉶芼○冬用荁　荁徐本作苴誤注同

古文苦爲枯　陸氏曰劉本作枯○按劉本疑作姑姑枯古通用易大過枯楊鄭以爲無姑山楡

今文或作芐　作釋文作爲芐嚴本毛本作苄徐本釋文並作芐閩葛俱作苄

豆實葵菹

則豆不揭　毛本揭作䅳嚴陳監本釋文集釋通解俱作楬與單疏述注合徐本楊氏俱作揭閩葛俱作楬

陸氏曰楬本又作䅳

籩有籐也　籐嚴本集釋俱作籐與單疏述注合毛本作縢徐陳閩葛監本通解俱作籐楊氏作藤俱誤

則豆不楬　陳閩監本俱作楬毛本作䅳

籩有籐也　籐陳閩監本作籐毛本作縢下同

䅳豆兩　陳閩監本通解同毛本䅳作楬○按士喪禮作䅳

尸入祝從尸　瞿中溶云祝唐石經原刻作執

尸坐不說屨

侍神不敢燕惰也今文說爲稅　下六字徐本集釋通解俱有與單疏標目合楊氏無

按毛本脱也字以今文説爲稅五字誤爲釋文

儀禮注疏卷四十二挍勘記終

奉新余成教挍

儀禮疏卷第四十三

唐朝散大夫行大學博士弘文館學士臣賈公彥等撰

尸謖祝前鄉尸前道也祝道尸必先鄉之爲之節〔疏〕尸謖祝前鄉尸。注前道至之節。釋曰此記尸謖之時祝前尸之儀也云必先鄉之爲之節者言必先面鄉尸者爲之節度也

還出戶又鄉尸還過主人又鄉尸還降階又鄉尸過主人則西階上不言及階明主人見尸有蹴踖之敬〔疏〕還出至鄉尸。注過主至之敬。釋曰過主人則西階上不言及階明主人見尸有蹴踖之敬者以其經出戶降階及門皆指物而言主人者欲見階上不言西階而言主人者欲見主人見尸有蹴踖之敬故沒去階名而云主人也

降階還及門如出戶及至也言還至門明其閒無節也降階如升時將出門如出戶時皆還鄉尸也每將還必有辟退之容凡前尸之禮儀在此〔疏〕降階至出戶。注及至至在此。釋曰言還至門明其閒無節也者以經自階已前皆不言及從階到門言及

者以其自階到門其中道遠故特言及以殊之是以鄭云言還至門明其閒無節謂無還鄉尸之節也云降階如升時將出門如出戶時皆還鄉尸也經直云及門如出戶雖不言降階如升時以將出門如出戶明降階如升時故鄭約出門以明降階也云皆還鄉尸者欲見經還者皆還鄉尸也謂鄉尸乃前道也云每將還必有辟退之容者辟退卽逡巡謙讓之容貌也云凡前尸之禮儀在此者以儀禮一部所云前尸之禮儀在此經爲具悉者

尸出祝反入門左北面復位然後宗人詔降

疏　尸出至詔降。釋曰尸出祝反入門左北面復位者謂祝既送尸出反入門復位復上文祝入門左北面位故云復位也云然後宗人詔降者謂祝復位宗人乃詔告主人降以其無事故也

尸服卒者之上服

上服者如特牲士玄端也不以爵弁服爲上者祭於君之服非所以自配鬼神士之妻則宵衣耳

疏　尸服卒者之上服。注上服至衣耳。釋曰上經直見主人服不見尸服故記人明之云主服對深衣在下玄端者案特牲經筮日云主人冠玄端至祭日夙興主人服如初是士之正祭服玄端卽是卒者生時所著之祭服故尸還服之云不以爵弁服爲上者祭於君之服

非所以自配鬼神者案曾子問孔子曰尸弁冕而出卿大夫士皆下之注云爲君尸或弁者先祖或有爲大夫士者彼君之先祖爲士尸服爵弁不服玄端者子孫爲諸侯先祖尸在中故先祖爲士者尸還服助祭於君之服也云士之妻則宵衣耳者以其經直云尸不辨男女士虞既男女別尸明經云尸可以兼男女故鄭併云士之妻也案特牲正祭主婦著纚笄宵衣明女尸亦宵衣可知

男男尸女女尸必使異姓不使賤者

異姓婦也賤者謂庶孫之妾也尸配尊者必使適也

疏 男男至賤者。注異姓至適也。釋曰虞卒哭之祭男女別尸故男女別言之也云異姓婦也者以男無異姓之禮故也知經云必使異姓者據與婦爲尸者也不使同姓與婦爲尸者尸須得孫列者孫與祖爲尸孫婦還與夫之祖姑爲尸故不得使同姓女爲尸也云賤者謂庶孫之妾也尸配尊者必使適也者男尸先使適孫無適孫乃使庶孫女尸先使適孫妻無適孫妻使適孫妾又無妾乃使庶孫妻即不得使使庶孫妾以庶孫之妾是賤之極者若然庶孫妻亦容用之而鄭云必使適也者據經不使賤有適孫妻則先用適而言其實容用庶孫妻法也必知無容用庶孫者以曾子問孔子曰祭成喪者必有尸尸必以孫孫幼使人抱之無孫則取于同姓可也彼不言適是容無適而用庶此經男女別尸據虞祭而言至卒哭已後自禫已前喪中之祭皆男女別尸知者案司几筵云每敦一几鄭注云雖合葬及同時在殯皆異几體實不同祭於廟同几精氣合少牢吉祭云某妃配是男女共尸篇末云是月也吉祭猶未配注云是月是禫月也當四時之祭月則祭猶未以某妃配某氏哀未忘也則引少牢吉祭妃配之事爲證明禫月不當四時祭月則不云某妃配配則共尸可知

無尸則禮及薦饌皆如初無尸謂無孫列可使者也殤亦是也禮謂衣服即位升降

疏無尸至如初。注無尸至升降。釋曰自此盡詔降如初論喪祭無尸之事云無尸謂無孫列可使者知謂無孫列者禮記云無孫則取同姓之適則大夫士祭先取孫無孫取同姓之適是有孫列可使復無同姓之適是無孫列可使者也云殤亦是也者禮記曾子問云祭成喪者必有尸明殤死無尸可知曾子問又云宗子直有陰厭庶殤直有陽厭是無尸也云禮謂衣服即位升降者雖無尸主人亦如葬所服即位於西序及升降與有尸相似

既饗祭于苴

疏既饗祭于苴。釋曰云既饗者正謂祝釋饗神辭告之使令祔之安之釋饗訖佐食取黍稷祭于苴

祝祝卒

記異者之節〔疏〕祝祝卒。注記異者之節。釋曰云記異者謂記無尸者異於有尸何者有尸祝釋孝子辭釋辭詁爲祝祝卒別有迎尸已後之事今無尸者祝祝卒饗神詁無迎尸已後之事故下文云不綏祭之等是記異者之節也

不綏祭無泰羹湆胾從獻不綏言獻記終始也事尸之禮始於綏祭終於從獻綏當爲墮〔疏〕不綏至從獻。注不綏至爲墮。釋曰此四事皆爲尸是以上文有尸者云迎尸而入祝命佐食綏祭又泰羹湆自門入設于鉶南胾四豆設于左又尸食之後主人獻之後賓長以肝從主婦亞獻賓長以燔從賓長獻後亦如之無尸闕此四事自羹巳下三事皆蒙無字解之也云不綏言獻記終始也者以見經無尸具陳四事凡祭禮以獻爲終舉終以見始亦得爲義今不但言獻記其終始具言四事者欲明始於綏祭終於從獻故鄭即云事尸之禮始於綏祭終於從獻者故具言之云綏當爲墮者周禮守祧職云既祭藏其墮字爲正取減爲義

主人哭出復位於祝祝卒〔疏〕主人哭出復位。注於祝祝卒。釋曰謂祝祝卒無尸可迎既無上四事主人遂即哭出復戶外東面位也

祝闔牖戶降復位于門西門西北面位也

〔疏〕祝闔至門西。注門西北面位也。釋曰鄭此及下注皆云復位者門西北面位者據上文尸出祝反入門左北面復位也

男女拾踊三拾更也三更踊〔疏〕男女拾踊三。注拾更也三更踊。釋曰凡言更踊者主人踊主婦踊賓乃踊三者三爲拾也

如食閒隱之如尸一食九飯之頃也〔疏〕如食閒。注隱之至頃也。釋曰隱之者謂闔牖戶也九飯之頃時節也

祝升止哭聲三啓戶聲者噫歆也將啓戶警覺神也今文啓爲開〔疏〕祝升至啓戶。注聲者至爲開。釋曰云聲者噫歆也者若曲禮云將上堂聲必揚故云將啓戶警覺神也

主人入親之〔疏〕主人入。注親之。釋曰云親之者啓牖鄉是親之事主人無事而入者是主人親至神所恭敬之事也

祝從啓牖鄉如初牖先闔後啓扇在內也鄉牖一名也如初者主人入祝從在左〔疏〕注牖先至在左。釋曰云牖先闔後啓扇在內也者見上文闔牖戶闔時牖先言此經上云主人入祝從乃言啓牖是戶先開乃啓牖故須解之扇在內也云鄉牖一名也者案詩云塞鄉墐戶注云鄉北出牖也與此注不同者語異義同北牖名鄉鄉亦是牖故云牖一名也云如

初者主人入祝從入在左者鄭以經如初之文在牖鄉之下恐人以爲啓牖鄉如初上既無啓牖鄉之事明據主人與祝位如初也**主人哭出復位**堂上位也〔疏〕主人哭出復位。注堂上位也。釋曰案下文云宗人詔降如初注云詔主人降之降堂明此復位者復堂上東面位也**乃卒徹祝佐食降復位**祝復門西北面位佐食復西方位不復設西北隅者重閉牖戶褻也〔疏〕注祝復至褻也。釋曰鄭知祝與佐食位如此者見上經云主人即位于堂衆主人及兄弟賓即位于西方佐食即賓也故知佐食言復位復西方可知知祝復位復門西北面位者上經祝入門左北面注不與執事同位接神尊也明此祝復位復門西北面位可知云不復設西北隅者重閉牖戶褻也者上經有尸者有陰厭有陽厭無闔牖戶之事今無尸者陰厭時闔牖戶今更設饌於西北隅復更闔牖戶爲褻瀆故不爲也**宗人詔降如初**初賛闔牖戶宗人詔主人降之〔疏〕宗人詔降如初。注初賛至降之。釋曰此降謂禮畢降堂也上經云賛闔牖戶主人降賓出注云宗人詔主人降彼謂降堂故鄭知此云如初亦如上經詔降也**始虞用柔日**葬之日日中虞欲安之柔日陰陰取其靜〔疏〕始虞用柔日。注葬之至其靜。釋曰自此下盡哀薦成事論初虞二虞三虞卒哭明三者之祭饗神辭及用日不同之事云葬之日日中者上文云日中行事是也葬用丁亥是柔日葬始虞用日中故云始虞用柔日也

曰哀子某哀顯相夙興夜處不寧曰辭也祝祝之辭也喪祭稱哀顯相助祭者也顯明也相助也詩云於穆清廟肅雍顯相不寧悲思不安

敢用絜牲剛鬣敢昧冒。之辭豕曰剛鬣〔疏〕注敢昧至剛鬣。釋曰敢昧冒之辭者凡言敢者皆是以卑觸尊不自明之意故云昧冒之辭云豕曰剛鬣者下曲禮文

香合黍也大夫士於黍稷之號合言普淖而已此言香合蓋記者誤耳辭次黍又不得在薦上〔疏〕香合。注黍也至薦上。釋曰案下曲禮云黍曰香合粱曰香萁稷曰明粢是也云大夫士於黍稷之號合言普淖而已此言香合蓋記者誤耳者曲禮所云黍稷之別號者是人君法特牲少牢黍稷合言普淖此別號黍爲香合下特號稷爲普淖故知記誤也云辭次黍又不得在薦上者依設薦法先設菹醢次設俎後設黍稷今黍在嘉薦之上此亦記者之誤故鄭非之也若然俎在後今絜牲在黍上者祭以牲爲主故先言非設時在前也

嘉

薦普淖嘉薦菹醢也普淖黍稷也普大也淖和也德能大和乃有黍稷故以爲號云〈疏〉嘉薦普淖○注嘉薦至號云○釋曰言故以爲號云者鄭以意解之無正文故言云以疑之明齊溲酒明齊新水也言以新水溲釀此酒也郊特牲曰明水涗齊貴新也或曰當爲明視爲兔腊也今文曰明粢粢稷也皆非其次今文溲爲醆〈疏〉明齊溲酒○注明齊至爲醆○釋曰云言以新水溲釀此酒也者鄭以溲水邊爲之與縮字義異謂以新水漬麴乃溲釀此酒又引郊特牲明水涗齊貴新也者彼注云涗猶清也五齊濁泲之使清謂之涗齊及取明水皆貴新也據彼注明水則周禮司烜氏所取月中之水與此明齊新水別鄭引之者彼此雖異引之直取新義是同故引爲證非謂爲一物也云或曰當爲明視謂兔腊也者士祭有兔腊是故或有人作如此說云今文曰明粢粢稷也皆非其次者若以明齊當爲明視作兔腊解者應在上與牲爲次何因退在下今文又爲稷解者上已云普淖兼黍稷何用又見稷也故知二者皆非其次也若然特牲少牢無腊號以小物畧之哀薦祫事始虞謂之祫事者主欲其祫先祖也以與先祖合爲安今文曰古事〈疏〉哀薦祫事○注始虞至古事○釋曰云虞謂之祫事者主欲其祫先

祖也者案公羊傳文二年云大祫者何合祭也合先君之主於大廟故此鄭亦以祫爲合而言但三虞卒哭後乃有祔祭始合先祖始虞而已言祫者鄭云以與先祖合爲安故下文云適爾皇祖某甫是始虞預言祫之意也

適爾皇祖某甫爾女也女死者告之以適皇祖所以安之也皇君也某甫皇祖字也若言尼甫饗勸強之也

再虞皆如初曰哀薦虞事丁日葬則己日再虞其祝辭異者一言耳

疏注丁日至言耳○釋曰己日再虞者以其後虞用剛日初虞再虞皆用柔日始虞用丁日隔戊日故知再虞用己日云祝辭異者一言耳者一言或有一句爲一言若論語云一言以蔽之曰思無邪是也今此一言則一字爲一言謂數一虞云祫再虞云虞三虞云成是也

三虞卒哭他用剛日亦如初曰哀薦成事當祔於祖廟爲神安於此後虞改用剛日剛日陽也陽取其動也士則庚日三虞壬日卒哭其祝辭異者亦一言耳他謂不及時而葬者喪服小記曰報葬者報虞三月而後卒哭然則虞卒哭之閒有祭事者亦用剛日其祭無名謂之他者假設言之文不在卒哭上者以其非常也令正者自相亞也檀弓曰葬日中而

虞弗忍一日離也是日也以虞易奠卒哭曰成事是日也以
吉祭易喪祭明日祔於祖父如是虞爲喪祭卒哭爲吉祭今
文他
爲它

【疏】三虞至成事○注當祔至爲它○釋曰鄭云當祔
於祖廟爲神安於此者卽解初虞再虞稱祫稱虞
之意今三虞改用剛日將祔於祖取其動義故也云士則庚
日三虞壬日卒哭者以其已日爲再虞後改用剛日故知取
庚日爲三虞也卒哭亦用剛日故庚日後降辛日取壬日爲
卒哭云祝辭異者亦一言耳者改虞爲成是一言也云他謂
不及時而葬者謂有故及家貧不及三月因三日殯日卽葬
於國北引喪服小記者彼鄭注云報讀爲赴疾之赴謂不待
三月因殯日虞所以安神以送形而往迎魂而反而須安之
故疾虞三月而後卒哭者謂卒去無時之哭鄭云卒哭待哀
殺故至三月待尋常葬後乃爲卒哭祭云然則虞卒哭之間
有祭事者亦用剛日者以虞卒哭已是剛日他祭在後故亦
用剛日也云其祭無名謂之他者謂虞卒哭祔祥皆有名此
則無名故謂之他云文不在卒哭上者此他祭在卒哭上今
退在卒哭下者以其非常又非祭故也引檀弓者證卒哭辭
稱成事之義但卒哭爲吉祭者喪中自相對若據二十八月
後吉祭而言禫祭已前揔爲喪祭也若然此經云三虞與卒
哭哀薦成事明文而鄭注檀弓云卒哭而祭其辭蓋曰哀薦

成事言蓋疑之者以鄭君以前有人解云三虞與卒哭同爲一事解之者鄭故疑卒哭之辭而云蓋也是以雜記云上大夫之虞也少牢卒哭成事祔皆大牢鄭注云卒哭成事祔言皆則卒哭成事祔與虞異矣是徵破前人三虞與卒哭同解者也

獻畢未徹乃餞 卒哭之祭既三獻也餞送行者之酒詩云出宿于濟飲餞于禰尸旦將始祔于皇祖是以餞送之古文餞爲踐

【疏】獻畢未徹乃餞○注卒哭至爲踐○釋曰自此盡不脫帶論卒哭之祭未徹餞尸於寢門外之事鄭云卒哭之祭者案上文直云獻畢未徹乃餞不言卒哭鄭知是卒哭之祭者以其三虞無餞尸之事明旦祔於祖入廟乃有餞尸之禮故鄭據卒哭而言若然三虞不餞尸者以其三虞與卒哭同在寢祔則在廟以明旦當入廟以其易處鄉尊所故特有餞送尸之禮也引詩者彼生人餞行人之禮爲行始此祭祀餞尸之禮亦鄉祖廟爲行始事雖異餞送飲酒是同故引爲證也知旦將始祔於皇祖者下云明日以其班祔鄭云卒哭之明日也是明日之旦也

尊兩甒于廟門外之右少南水尊在酒西勺北枋 少南將有事於北有玄酒即吉也此在西尚凶也言水者喪質無鼏不久陳古文甒爲廡

也〔疏〕注少南至廡也○釋曰云少南將有事於北者正謂下文云尸出門右南面已下是也云有玄酒即吉也者以其虞祭用醴酒無玄酒至卒哭云如初則與虞祭同今至餞尸用玄酒酒則尋常祭祀之酒非醴酒故云即吉也云此在西尚凶也者以其吉祭祭尊在房戶之閒至於虞祭尊在室是凶今卒哭餞尸尊在門西不在門東是尚凶故變於吉也

洗在尊東南水在洗東篚在西在門之左又少南

饌籩豆脯四脡酒宜脯也古文脡爲挺 有乾肉折俎二尹縮祭半尹在西塾乾肉牲體之脯也如今涼州烏翅矣折以爲俎實優尸也尹正也雖其折之必使正縮從也古文縮爲蹙〔疏〕注乾肉至爲蹙○釋曰云涼州烏翅者經云乾肉折俎則漢時乾脯似之故鄭以今曉古也

尸出執几從席從祝入亦告利成入前尸尸乃出几席素几葦席也以几席從執事也〔疏〕尸出至席從○注祝入至事也○釋曰云祝入亦告利成入前尸尸乃出者雖餞行飲酒尸將起之時祝亦如虞祭告云利成尸乃興以前尸也知几席素几葦席也者上經初虞云素几葦席在西席至及再虞

三虞及卒哭皆如初不見更設几席之文明同初虞用素几葦席今卒哭祭末餞尸於門外明是卒哭之几席故知是素几葦席也尸出門右南面俟設席也疏尸出門右南面○注俟設席也○釋曰知俟設席者尸在門右南面在坐北立下即云設席之事明俟設席也席設于尊西北東面几在南賓出復位將入臨之位士喪禮賓繼兄弟北上門東北面西上門西北面東上西方東面北上主人出即位于門東少南婦人出即位于主人之北皆西面哭不止婦人出者重餞尸疏注婦人出者重餞尸○釋曰婦人有事自堂及房而已今出寢門之外故云重餞尸也尸即席坐唯主人不哭洗廢爵酌獻尸尸拜受主人拜送哭復位薦脯醢設俎于薦東胊在南胊脯及乾肉之屈也屈者在南變於吉疏尸即至在南○注胊脯至於吉○釋曰云主人拜送者案上祭云主人其拜特牲亦云拜送則

拜送吉凶同也云屈者在南變於吉者案曲禮云以脯脩置者左朐右末鄭云屈中曰朐則吉時屈者在左今尸東面而云朐在南則是凶禮屈者在右末頭在左故云變於吉也尸左執爵取脯擩醢祭之佐食授嚌授乾肉之祭尸受振祭嚌反之祭酒卒爵奠于南方反之反於佐食佐食反之於俎尸奠爵禮有終（疏）注反之至有終○釋曰鄭知反之反於佐食者經云佐食授嚌尸受振祭嚌嚌訖而云反之明反與佐食佐食乃反於俎可知也云尸奠爵禮有終者上經云三獻尸皆有酢今餞尸三獻皆不酢而奠之是爲禮有終謂若主人拜送賓不答拜亦是禮有終也主人及兄弟踊婦人亦如之主婦洗足爵亞獻如主人儀婦人踊如初賓長洗繶爵三獻如亞獻踊如初佐食取俎實于篚尸謖從者奉篚哭從之祝前哭者皆從及大門內踊如初

男女從尸男由左女由右及至也從尸不出大門者由廟門外無事尸之禮也古文謖作休〔疏〕注男女至作休○釋曰鄭知男女從尸男由左女由右者約上文男子在南婦人在北南爲左北爲右因從此位便故知男子由左婦人由右也云從尸不出大門者由廟門外無事尸之禮也者在廟以廟爲限在寢門外以大門爲限正祭在廟廟門外無事尸之禮今餞尸在寢門外則大門外無事尸之禮故鄭舉正祭況之從尸不出大門外取正祭比之故注云由廟門外無事尸之禮也

尸出門哭者止以餞於外大門猶廟門〔疏〕尸出門哭者止○注以餞至廟門○釋曰鄭意所以尸出大門哭者便止者正以餞於寢門以大門爲限似事尸在廟門爲限故鄭云大門猶廟門也

賓出主人送拜稽顙送賓拜於大門外〔疏〕賓出至稽顙○注送賓至門外○釋曰上從尸不出大門者有事尸限故不出大門送之送賓於大門外自是常禮故云送賓拜于大門外但禮有終賓無荅拜之禮也

主婦亦拜賓女賓也不言出不言送拜之於闈門之內闈門如今東西掖門〔疏〕主婦亦拜賓○注女賓至掖門○釋曰上主人送男賓故知此主婦拜女賓也云不言出送拜之於闈門之內

者決上文男主拜男賓言出送此明主婦送女賓于門之內以其婦人送迎不出門見兄弟不踰閾故也云闈門如今東西掖門者案爾雅釋宮云宮中之門謂之闈則闈門在宮內漢時宮中掖門在東西若人左右掖故舉以為況也

丈夫說經帶于廟門外既卒哭當變麻受之以葛也夕日則服服葛者為祔期今文說為稅

疏 丈夫至門外○注既卒至為稅○釋曰云既卒哭當變麻受之以葛也者喪服鄭注云大夫以上虞而受服士卒哭而受服士亦約此文而言也云夕日則服葛者為祔期者今日為卒哭祭明旦為祔前日之夕為祔祭之期變麻服葛是變重從輕明旦亦得變不要夕期之時變之夕時言變麻服葛者鄭云為祔期亦因祔期即變之使賓知變節故也

入徹主人不與入徹者兄弟大功以下言主人不與則知丈夫婦人在其中古文與為豫

疏 入徹主人不與○注入徹至為豫○釋曰鄭知入徹是大功以下者見曾子問云士祭不足則取於兄弟大功以下者經云入徹主人不與明取大功小功緦麻之等入徹也云言主人不與則知丈夫婦人在其中者上文直言丈夫說經不辨親疏下文婦人脫首經不辨齊衰婦人此云入徹據大功以下則此文入徹主人不與之中丈夫婦人兼有可

知以其平常祭時諸宰君婦廢徹不遲則凶祭丈夫婦人亦在但齊斬不與徹耳

婦人說首絰不說帶不說帶齊斬婦人帶不變也婦人少變而重帶帶下體之上也大功小功者葛帶時亦不說者未可以輕文變於主婦之質至祔葛帶以即位檀弓曰婦人不葛帶

疏婦人至說帶○注不說至葛帶○釋曰知齊斬婦人帶不變也者案喪服小記云齊衰帶惡笄以終喪鄭云有除無變舉齊衰則斬衰帶不變可知齊斬帶不變則大功以下變可知云婦人少變者以其男子既葬首絰要帶俱變男子陽多變婦人既葬直變首絰不變帶故云少變也云而重帶帶下體之上也者對男子陽重首在上體婦人陰重要要是下體以重下體故帶不變也云大功小功者葛帶者案大功章云布衰裳牡麻絰纓布帶三月受以小功衰即葛九月者又案小功章云布衰裳澡麻帶絰五月者二者章內皆男女俱陳明大功小功婦人皆葛帶可知云時亦不說者未可以輕文變於主婦之質者變是文不變是質不可以大功以下輕服之文變主婦重服之質故經直見主婦不見大功以下也云至祔葛帶以即位者此鄭解大功以下雖夕時未變麻服葛至祔日亦當葛帶即位也知大功以下夕時未變麻服葛者以其與主婦同在廟門外主婦不變大功以下亦

不變若然夕時不變夕後入室可以變故至祔且以葛帶即位也引檀弓者亦證齊衰婦人不葛帶之事

無尸則不餞猶出几席設如初拾踊三以餞尸者本爲送神也丈夫婦人亦從几席而出古文席爲筵

疏無尸至踊三○注以餞至爲筵○釋曰自此至賓出論卒哭祭無尸可餞之事云几席設如初者雖無尸送神不異故云如初故鄭云餞尸者本爲送神也云丈夫婦人亦從几席而出者以其云出几席設如初即云拾踊三明在門外有尸行禮之處即如丈夫婦人從几席出可知言亦者亦餞尸之時也

哭止告事畢賓出死三日而殯三月而葬遂卒哭謂士也雜記曰大夫三月而葬五月而卒哭諸侯五月而葬七月而卒哭此記更從死起異人之聞其義或殊

疏死三至卒哭○注謂士至或殊○釋曰自此盡他辭一也論記人所記其義或殊是以更有此文也云遂卒哭不言三虞者是記人畧言之注云謂士也者以其此篇是士虞故知三日三月據士而說引雜記者見大夫已上與士異者以其王制大夫士同有三日而殯三月而葬之文雜記云大夫亦同三月而葬卒哭則士云三月大夫五月卒哭之月

不同者曲禮云生與來日死與往日鄭云與猶數也生數來日謂成服杖以死來日數也死數往日謂殯斂以死日數也大夫以上皆以來日數若然士云三日殯三月葬皆通死日死月數大夫以上殯葬皆除死日死月數是以士之卒哭得葬之三月內大夫三月葬除死月通死月則四月大夫有五虞卒哭在五月諸侯已上以義可知云此記更從死起異人之間其義或殊者上已論虞卒哭此記更從始死記之明非上記人是異人之間其辭或殊更見記之事其實義亦不異前記也

將旦而祔則薦薦謂卒哭之祭

疏將旦而祔則薦○注薦謂卒哭之祭○釋曰謂卒哭之祭曰將旦而祔則薦薦謂卒哭之祭云祔則薦者記人見卒哭之祭爲祔而設故連文云將旦而祔則爲此卒哭而祭也

卒辭曰哀子某來日某隮祔爾于爾皇祖某甫尚饗卒辭卒哭之祝辭隮升也尚庶幾也不稱饌明主爲告祔也今文隮爲齊

疏卒辭至尚饗○注卒辭至爲齊○釋曰云卒辭卒哭之祝辭者謂迎尸之前祝釋孝子辭云爾云不稱饌明主爲告祔也者但卒哭之祭實有牲饌而不稱者以其卒哭祭主爲告神將附於祖而設牲饌故不言也

女子曰

皇祖妣某氏女孫附於祖母〔疏〕女子至某氏○注女孫祔於祖母○釋曰此女子謂女未嫁而死或出而歸或未廟見而死歸葬女氏之家既葬祔于祖母也婦曰孫婦于皇祖姑某氏不言爾曰孫婦婦差疏也今文無某氏〔疏〕注不言至某氏○釋曰此對上文孫祔于祖而云祔于爾皇祖某甫此則不曰爾而變曰孫婦婦差疏故不云爾也若然上女子亦不云爾者文承孫下云爾可知直言其皇祖妣異者耳其他辭一也來曰某隮祔尚饗〔疏〕其他辭一也○注來日至尚饗○釋曰他辭一者正謂來日某隮祔尚饗女子及孫婦皆有此辭故云其他辭一也其祔女子云來日某隮祔爾于爾皇祖妣某氏尚饗其孫婦云來日某隮祔孫婦於皇祖姑某氏尚饗饗辭曰哀子某圭為而哀薦之饗饗辭勸強尸之辭也圭絜也詩曰吉圭為饎凡吉祭饗尸曰孝子〔疏〕饗辭至之饗○注饗辭至孝子○釋曰饗辭勸強尸之辭也者案特牲禮迎尸入室尸即席坐主人拜妥尸尸荅拜執奠祝饗鄭云勸強之也其辭引此士虞記則宜云孝孫某圭為孝薦之饗當此時為之凡吉祭饗尸曰孝子者此一辭說三

虞卒哭勸尸辭若祔及練祥吉祭其辭亦用此但改哀爲孝耳故鄭云凡以該之也

明日以其班祔卒哭之明日也班次也喪服小記曰祔必以其昭穆亡則中一以上凡祔已復于寢如既祫主反其廟練而後遷廟古文班或爲辨辨氏姓或然今文爲胖

【疏】明日以其班祔○注卒哭至爲胖○釋曰引喪服小記者彼解中猶間也一以上祖又祖孫祔祖爲正若無祖則祔于高祖以其祔必以昭穆孫與祖昭穆同故間一以上取昭穆相當者若婦則祔于夫之所祔之妃無亦間一以上若妾祔亦祔于夫之所祔之妾無則易牲祔女君也云凡祔已復于寢如既祫主反其廟者案文二年公羊云大事者何大祫也大祫者何合祭也毁廟之主陳于大祖未毁廟之主皆升合食于太祖又案曾子問云天子諸侯既祫祭主各反其廟今祔于廟祔已復于寢若大夫士無木主以幣主其神天子諸侯有木主者以主祔祔祭訖主反于寢如祫祭訖主反廟相似故引爲證也云練而後遷廟者案文二年經云丁丑作僖公主穀梁傳云作僖公主譏其後也作主壞廟有時日於練焉壞廟壞廟之道易檐可也改塗可也是練而遷廟引之者證練乃遷廟祔遷于寢案左氏僖公三十三年傳云凡君薨卒哭而祔祔而作主特祀於主烝嘗禘於廟服注云特祀于主謂在

寢烝嘗禘於廟者三年喪畢遭烝嘗則行祭皆於廟言遭烝嘗乃於廟則自三年已前未得遷於廟而禘祭此賈服之義不與鄭同案春官鬯人職云廟用卣鄭注云廟用卣者謂始禘時自饋食始以此言之鄭義若於三年後四時當祭在廟用彝盛鬱必用卣中尊獻象等以盛鬯酒而已故鄭取穀梁練而遷廟特祀新死者於廟故用卣也若然唯祔祭與練祭祭在廟祭訖主反於寢其大祥與禫祭其主自然在寢祭之案下文禫月逢四時吉祭之月即得在廟祭但未配而已又玄鳥詩鄭注云君喪三年既畢禘於其廟而後祫祭于大祖明年春禘于羣廟若如此言則三年喪畢更有特禘者鄭意除練時特禘三年喪畢更有此特禘之禮也

沐浴櫛搔翦彌自飾也搔當爲爪今文曰沐浴搔翦或爲蚤揃揃或爲鬋〔疏〕沐浴櫛搔翦○注彌自至爲鬋○釋曰云彌自飾也者上文虞沐浴不櫛注云自絜清不櫛未在於飾鄭雖不言不在於飾沐浴少飾今祔時櫛是彌自飾也

用專膚爲折俎取諸脰膉專猶厚也折俎謂主婦以下俎也體盡人多折骨以爲之今以脰膉貶於純吉今文字爲折俎而說以爲肵俎亦已誣矣古文脰膉爲頭嗌也〔疏〕用專至脰膉○注專猶至嗌也○釋曰云折俎謂主婦以

下俎者鄭知折俎是主婦以下俎者特牲記云主俎觳折佐食俎觳折少牢云主婦俎臑折是也

其他如饋食

如特牲饋食之事或云以左胖虞右胖祔今此如饋食則尸俎肵俎皆有肩臂豈復用虞臂乎其不然明矣

〔疏〕其他如饋食○注如特至明矣○釋曰云如特牲饋食之事者如不如士虞饋食禮者虞不致爵則夫婦無俎矣上文有俎則祔時夫婦致爵以祔時變麻服葛其辭稱孝夫婦致爵與特牲同故云如特牲饋食之事也或云以左胖虞右胖祔者當鄭君時有人解者云虞祭與祔祭共用一牲各用一胖以左胖爲虞祭右胖爲祔祭不是故鄭破之云今此經云如饋食謂如特牲饋食之禮尸俎用右胖解之主人俎左臂左胖之臂以爲虞祭主人豈得復取虞時左胖之臂而用之乎明不然矣

用嗣尸

虞祔尚質未暇筮尸

〔疏〕用嗣尸○注虞祔至筮尸○釋曰言用嗣尸則從虞以至祔祭唯用一尸而已云虞祔尚質未暇筮尸者以其哀未殺故云尚質未暇筮尸若然練祥則筮尸矣故喪服小記云練筮日筮尸大祥筮尸可知是以鄭上文注云餞尸旦將始祔于皇祖是用一尸也

曰孝子某孝顯相夙興夜處小心畏忌不惰其身不

寧稱孝者吉祭〈疏〉注稱孝者吉祭○釋曰對虞時稱哀薦檀弓虞爲喪祭卒哭爲吉祭卒哭既爲吉祭祔在卒哭後亦是吉祭故鄭以吉祭言之也

用尹祭尹祭脯也大夫士祭無云脯者今不言牲號而云尹祭亦記者誤矣〈疏〉用尹祭○注尹祭至誤矣○釋曰鄭知尹祭是脯者下曲禮云脯曰尹祭故知也但曲禮所云是天子諸侯禮用脯號案特牲少牢無云用脯者故云大夫士祭無云脯者唯上餞尸有脯此非餞尸今不言牲號而云尹祭亦記者誤也以其上文初虞云敢用絜牲剛鬣今不言牲號而云尹祭是記人誤云亦者亦上香合也

嘉薦普淖普薦溲酒普薦鉶羹不稱牲記其異者今文溲爲醙〈疏〉注普薦至爲醙○釋曰知普薦是鉶羹者案上文虞禮及特牲皆云祝酌奠于鉶南則鉶在酒前而設此亦普薦在酒上故知也但虞禮一鉶此云饋食則與特牲同二鉶故云普薦也云不稱牲記其異者對與初虞之等稱牲但記其異雖不說牲之號有號可知也若然云記其異者所以嘉薦普淖普薦溲酒與前不異記之以其普薦與前異將言設薦在普淖後溲酒前故并言其次耳○

適爾皇祖某甫以隮祔爾孫某甫尚饗

欲其祔合兩告之曾子問曰天子崩國君薨則祝取羣廟之主而藏諸祖廟禮也卒哭成事而後主各反其廟然則士之皇祖於卒哭亦反其廟無主則反廟之禮未聞以其幣告之乎〔疏〕適爾至尚饗○注欲其至之乎○釋曰云欲其祔合兩告之者欲使死者祔於皇祖又使皇祖與死者合食故須兩告之是以告死者曰適爾皇祖某甫謂皇祖曰隮祔爾孫某甫二者俱饗是其兩告也引曾子問者案彼鄭注象有凶事者聚也云卒哭成事而後主各反其廟者至祔須得祖之木主以孫祔祭故也天子諸侯有木主可言聚與反廟之事大夫無木主聚而反之故云無主則反廟之禮未聞云以其幣告之乎者曾子問云無遷主將行以幣帛為主命此大夫士或用幣以依神而告使聚之無正文故云乎以疑之

朞而小祥小祥祭名祥吉也檀弓曰歸祥肉古文朞皆作基〔疏〕朞而小祥○注小祥至作基○釋曰自祔以後至十三月小祥故云朞而小祥引檀弓者彼謂顏回之喪饋祥肉於孔子而言彼云饋今云歸者饋即歸也故變文言之引之者證小祥是祭故有肉也

曰薦此常事祝辭之異者言常者朞而祭禮也古文常為祥〔疏〕曰薦此常事○注祝辭之異者謂小祥辭與虞祔之辭有異異者以虞祔之祭非常一期天氣

變易孝子思之而祭是其常事故祝辭異也云朞而祭禮也者喪服小記文案彼云期而祭禮也期而除喪道也祭不爲除喪也注云此謂練祭也禮正月存親親亡至今而期期則宜祭期天道一變哀惻之情益衰衰則宜除不相爲也以是謂小祥祭謂常事也

又朞而大祥曰薦此祥事

又復也

【疏】又朞至祥事○注又復也○釋曰此謂二十五月大祥祭故云復朞也變言祥事亦是常事也

中月而禫

中猶閒也禫祭名也與大祥閒一月自喪至此凡二十七月禫之言澹澹然平安意也古文禫或爲導

【疏】中月而禫○注中猶至爲導○釋曰知與大祥閒一月二十七月禫從月樂二十八月復平常正作樂也云禫之言澹澹然平安意也者禫月得無所不佩又於禫月將鄉吉祭又得樂懸故云平安意也但至後月乃是即吉之正也

是月也吉祭猶未配

是月是禫月也當四時之祭月則祭猶未以某妃配某氏哀未忘也少牢饋食禮祝祝曰孝孫某敢用柔毛剛鬣嘉薦普淖用薦歲事于皇祖伯某以某妃配某氏尚饗

【疏】是月至未配○注是月至尚饗○釋曰謂是禫月禫祭仍在寢此月當四時吉祭之月則于廟行四時之祭於羣廟而猶未得以某妃配哀未

忌若喪中然也言猶者如祥祭以前不以如配也案禮記云吉事先近日喪事先遠日則大祥之祭仍從喪事先用遠日下旬爲之故檀弓云孔子旣祥五日彈琴而不成聲十日而成笙歌注踰月且異旬也祥亦凶事先遠日案此禫言澹然平安得行四時之祭則可從吉事先近日用上旬爲之若然二十七月上旬行禫祭於寢當祭月即從四時祭於廟亦用上旬爲之引少牢禮者證禫月吉祭未配後月吉如少牢配可知也

儀禮卷第十四　經二千七十九　注三千四百四十三

儀禮疏卷第四十三

大清嘉慶二十一年用文選樓藏本校

東鄉盧氏宣旬校字

江西督糧道王賡言廣豐縣知縣阿應鱗栞

儀禮注疏卷四十三挍勘記　阮元撰盧宣旬摘錄

尸服卒者之上服

不服元端若　若陳閩通解俱作若屬下句毛本若作者

先祖尸在中故先祖爲士者　要義同毛本通解無先祖尸在中故六字

男男尸

不使同姓與婦爲尸者　要義同毛本通解姓下有孫字○按通解刪下尸須得孫列者孫與祖爲尸二句故此句加孫字今注疏本旣不刪下二句仍依通解加孫字則贅矣

必知無容用庶孫者　此本無下空一字要義無下有容字通解毛本無無字按要義似得之必知無三字畧逗

自禫已前　陳本通解要義同毛本禫作禪下竝同○按禫是也

祭於廟同几也通解要義楊氏同毛本几作凡○按几是

旣饗祭于苴

釋曰云旣饗者正謂祝釋饗神辭告之使令祔之安之

釋饗訖佐食取黍稷祭於苴疏凡三十二字注疏本毛本俱脫通解要義有

祝祝卒

記異者之節嚴本毛本同監巾箱杭本記作旣

不綏祭○胾從獻陸氏曰胾莊吏反劉本作胾酢再反

又泰羹湆自門入通解要義同毛本又作有

主人獻之後陳閩通解俱無之後二字

以見經無尸也陳本通解要義同毛本經作綏○按經是

主人哭

出復戶外東面位也　陳本通解要義同毛本戶作尸○按戶字是

祝升止哭

警覺神也　警通典通解楊氏俱作驚疏同

主人入

啓牖鄉是親之事　毛本鄉作嚮顧廣圻云當作祝之事宋本已誤

祝從

鄉牖一名也　徐本無一字集釋通解俱有與疏合

故須解之　解陳閩俱作辭

在牖鄉之下　毛本鄉作饗

卒徹祝佐食降復位毛本無復字唐石經徐本通典集釋通解要義楊敖俱有不經考文提要云鄭注祝復門西北面位佐食復西方位明有復字

始虞用柔日

柔日陰陰取其靜徐本通典楊氏同集釋通解毛本俱不重陰字

敢用絜牲剛鬣

敢昧冒之辭昧冒二字通典倒

香合香通典作薌陸氏曰香本又作薌音同

蓋記者誤耳徐本通解楊敖同毛本集釋耳作爾○案徐本非耳作而已解爾作如此解二字絕不同

粱曰香萁萁要義从艸通解毛本從竹○按萁是也曲禮從艸不從竹

祭以牲爲主通解要義同毛本牲作生○按牲不誤

嘉薦普淖

言故以爲號云者　陳閩要義同毛本以作言

明齊溲酒

謂以新水漬麴　要義同毛本麴作麯

直取新義是同　要義同毛本通解無是字

應在上與牲爲次　毛本與誤作特

哀薦祫事

主欲其祫先祖也　徐本通典集釋通解楊敖同與疏合毛本無其字其祫通典作合於

今文曰古事　古集釋作合周學健云祫之言合也作合字文義方協

合先君之主於大廟　君要義作祖

始虞而已言祫者要義同毛本始上有今字通解有今無已

饗唐石經徐陳閩葛俱作饗毛本作響

再虞皆如初日哀薦虞事日唐石經作日下同毛本作曰

三虞卒哭

報葬者報虞者徐本同通典集釋通解楊氏毛本無下者字

謂之他者徐陳葛本通典集釋通解楊氏俱作他與疏合毛本作也

令正者自相亞也令徐陳楊氏俱作令釋文集釋俱作令張氏曰監本令誤作今從諸本

卒哭曰成事日徐本作日集釋通解楊氏毛本俱作曰張氏曰注曰卒哭曰成事按檀弓曰作日此引檀弓文也從檀弓

卻解初虞再虞稱祫稱虞之意通解要義同毛本卻作卽

故次取庚日爲三虞也　陳本通解要義同毛本三作二○按三是也

降辛日取壬日爲卒哭也　通解同毛本降作隔○按降是

謂不待三月　通解要義同毛本月下有喪字

三月而後卒哭者　陳本通解要義同毛本月作日○按月字不誤

乃爲卒哭祭　要義同通解毛本祭下有也字

以鄭君以前　陳閩要義同毛本君誤作若

獻畢

出宿于濟　宿徐本通典集釋通解楊敖俱作宿是也毛本誤作縮濟徐本釋文通典敖氏俱作濟集釋通解楊氏毛本俱作泲

飲餞于禰　陸氏曰禰乃禮反劉本作泥音同

尸且將始祔于皇祖 且徐本作旦集釋通解楊氏俱作且張氏曰疏且作旦其辭曰是明日之日也從疏

彼生人餞行人之禮 生陳閩俱作行

尊兩甒于廟門外之右

無鼏不久陳 徐陳閩葛集釋通解楊氏同毛本鼏作鼎

酒則尋常祭祀之酒 通解要義同毛本無上酒字

祭尊在房戶之間 毛本戶誤作尸

饌籩豆

古文脡爲挺 毛本挺誤作梃

有乾肉折俎

如今涼州烏翅矣　徐本集釋通解要義楊氏同釋文毛本烏作烏下同盧文弨云李與周禮合○按釋文作烏恐亦刊本之誤

尸出

今卒哭祭末餞尸於門外　卒哭二字毛本誤倒浦鏜云末誤未○按疑末下脫徹字

尸即席坐唯主人不哭　唯唐石經徐本通典楊敖俱作唯陳本集釋通解俱作惟毛本作帷按惟帷相似故誤作帷

主人其拜　毛本通解其作荅

尸受振祭嚌　受唐石經徐本集釋通解楊敖俱作受與疏合毛本作授石經考文提要云上句乃佐食授嚌授受相承

經云佐食授嚌　通解同毛本授作受

明反與佐食　通解同毛本與作於

主人及兄弟踊

由廟門外無事尸之禮也　由集釋敖氏俱作猶疏同盧文弨云疏云鄭舉正祭況之則固當作猶猶由通

古文謖作休　休陳閩監葛集釋通解俱作休按前經注云古文謖作休則此亦當作休字鍾本誤作古文作為沐毛本休亦誤作沐

婦人在北　婦人要義作女子

南為左　毛本南誤作男

在廟以廟為限　為上要義有門字

取正祭比之　陳閩通解同毛本比作北

尸出門哭者止　者通典作則按疏云尸出大門哭者便止則作則亦有理

以餞於外　毛本餞誤作薦

主婦亦拜賓

云不言出送拜之於闈門之內者　送拜二字要義倒

丈夫說經帶于廟門外

使賓知變節故也　通解要義楊氏同毛本節作卽○按節字是

婦人說首經

帶不變也　變徐本通典集釋楊氏俱作變與疏合通解毛本作說

未可以輕文變於主婦之質　未閩本誤作末文徐本通典集解通解楊氏俱作文與疏合毛本作又

知齊斬婦人帶不變也者 毛本婦誤作衰

齊衰帶惡笄以終喪 陳閩俱無帶字○按陳閩據今喪服小記删非也喪服布總箭笄疏云喪服小記云婦人帶惡笄以終喪

重首在上體 通解要義同毛本楊氏首字重出

雖夕時未變麻服葛 毛本夕誤作久

無尸則不餞猶出几席設如初 几監本誤作凡

本爲送神也 通解要義同毛本本作不

哭止告事畢賓出死三日而殯 上七字毛本脱徐本通典集釋通解楊敖俱有張爾岐云唐石經剝蝕尚有賓出二字脚可辨補字缺或亦承監本之誤

是以更有此文也 要義同毛本是作事

死與往日鄭云自鄭字起至下死數往日句止凡二十四字陳閩俱脫

皆除死日死月數通解同毛本除作殊

卒辭曰

以其卒哭祭卒哭二字毛本誤倒

女子曰

歸葬女氏之家陳閩俱無葬字

婦曰

曰孫婦婦差疏也徐本通典集釋通解俱重婦字與疏合毛本不重

今文無某氏此五字毛本脫徐本集釋俱有與單疏標目合通解無

其他辭一也

皆有此辭　通解同毛本無此字

隮祔爾于爾皇祖妣某氏　陳閩通解要義同毛本于作王○按于字是

饗辭曰

勸強尸之辭也者　要義同毛本尸作神浦鏜云尸誤神

執奠祝饗　陳閩通解要義同毛本祝作祀○按特牲饋食作祝

明日以其班祔

孫與祖昭穆同　通解要義同毛本同字在昭字上

云凡祔已復于寢　毛本復誤作夫

易檐可也　要義楊氏同毛本檐作擔○按穀梁文二年傳作檐

按左氏僖公三十三年傳云　傳字要義在氏字下

則行祭皆於廟言 言要義作言屬下句毛本作焉

用彝盛鬱必用卣 要義同毛本鬱作鬯必下陳閩俱衍曰字

禘於其廟 要義同毛本禘作歸

沐浴櫛搔翦 搔監本誤從木翦釋文作揃張氏曰經曰沐浴櫛搔鬋按釋文云揃子淺反注鬋同既曰注鬋同則鬋非經文也又注云揃或爲鬋此揃必指經也從釋文○按經文翦字張氏作鬋考嚴徐鍾諸本俱作翦與張氏不合未詳其故注云搔翦或爲蚤揃如釋文及張氏說則翦揃宜互倒乃與經相應戴校集釋删注中翦揃二字但云搔或爲蚤以爲據釋文不知翦字習見揃鬋難識故但爲揃鬋作音非必注中無翦字也

當爲爪 徐本集釋通解要義楊敖同毛本爲作音

未在於飾 陳本通解要義同毛本未作末○按上文注作未

用尊虞爲折俎

古文脰膉爲頭嗌也　嗌監葛俱誤作益集釋作膉亦誤

注尊猶至嗌也　毛本嗌誤作益

鄭知折俎是主婦以下俎者　通解要義同毛本無折字

用嗣尸

餕尸旦將始祔于皇祖　旦陳閩俱作且

用尹祭

今不言牲號　陳本要義同毛本今作故

嘉薦普淖

故并言其交耳　要義同毛本通解耳作矣

適爾皇祖某甫

而後主各反其廟者　主陳閩監本俱誤作王

聚而反之　通解要義同毛本聚作祭

朞而小祥

祥吉也　吉通解作祭誤

曰薦此常事

注祝辭之異者　毛本注下有祝辭至爲祥釋曰七字按要義亦直云注祝辭之異者不載釋曰二字

禮正月存親　通解要義同毛本存作有○按存是也喪服小記作存

期則宜祭　要義同毛本宜下有用字○按喪服小記無用字

以是謂小祥祭謂常事也　以是毛本作是以下謂字要義作爲

中月而禫

自喪至此　徐陳閩葛通典集釋通解楊氏同毛本此作中

古文禫或爲導　張氏曰釋文前道之注云爲道同此導當爲道從釋文○按說文谷部㐫字住云讀若三年導服之導與此注合不必從釋文作道

徙月樂　通解要義同毛本徙作後○按檀弓作徙

二十八月復平常正作樂也　通解要義同毛本復平常正作後月半常主

又於禫月將鄉吉祭　毛本鄉譌作卽

是月也

謂是禫月禫祭　通解要義同毛本月下有得字

儀禮注疏卷四十三挍勘記終　　奉新余成教挍

儀禮疏卷第四十四　儀禮卷第十五

唐朝散大夫行大學博士弘文館學士臣賈公彦等撰

特牲饋食禮第十五〔疏〕特牲饋食禮第十五○鄭目錄云特牲饋食之禮謂諸侯之士祭祖禰非天子之士而於五禮屬吉禮○釋曰鄭知非天子之士而云諸侯之士者案曲禮云大夫以索牛士以羊豕彼天子大夫士此儀禮特牲少牢故知是諸侯大夫士也且經直云適其皇祖某子不云考鄭云祖禰者祭法云適士二廟官師一廟官師謂中下之士祖禰共廟亦兼祭祖故經舉祖兼有禰者鄭達經意祖禰俱言也若祭無問一廟二廟皆先祭祖後祭禰是以文二年左傳云文武不先不窋子不先父是也若祭無問尊卑廟數多少皆同日而祭畢以此及少牢唯筮一日明不別日祭也

儀禮　鄭氏注

特牲饋食之禮不諏日祭祀自孰始曰饋食饋食者食道也諏謀也士賤職褻時至事暇可以祭則筮其日矣不如少牢大夫先與有司於廟門諏丁巳之日今文諏皆爲詛〔疏〕特牲饋食之禮

不諏日○注祭祀至爲詛○釋曰自此至事畢論士將筮日之事云祭祀自孰始曰饋食饋食者食道也者案檀弓云飯用米貝弗忍虚也不用食道用美焉爾鄭注云食道褻米貝美若然食道是生人飲食之道孝子於親雖死事之若生故用生人食道饋之也此釋經不言祭祀而言饋食之意耳云祭祀自孰始者欲見天子諸侯饋食已前仍有灌鬯朝踐饋獻之事但饋食見進黍稷云饋孰見牲體而言天子諸侯堂上朝踐饋獻後迎尸於堂亦進黍稷牲體其犬豕牛羊亦孰之閒節也云士賤職褻時至事暇可以祭則筮其日矣者此解經不諏日謂不如大夫以上預前十日與臣諏日而筮之是以鄭云不如少牢大夫先與有司於廟門諏丁巳之日也凡士言不者對大夫以上爲之此士言不諏日少牢大夫諏日士喪禮月半不殷奠則大夫已上殷奠如此之類皆是也鄭云時至事暇可以祭者若祭時至有事不得暇則不可以私廢公故也若大夫已上尊時至唯有喪故不祭自餘吉事皆不廢祭若有公事及病使人攝祭故論語孔子云吾不與祭如不祭注云孔子或出或病不自親祭使攝者爲之不致肅敬於心與不祭同又祭統云是故君子之祭也必身親進之有故則使人可也雖使人也君不失其義者君明其義故也是君大夫有病故皆得使人攝祭若諸侯有朝會之事則

不得使人攝故王制云諸侯礿則不禘禘則不嘗嘗則不烝
烝則不礿鄭注云虞夏之制諸侯歲朝廢一時祭又明堂位
云是故夏礿秋嘗冬烝鄭注云不言春祠魯在東方王東巡
守以春或闕之是諸侯朝會不得攝以諸侯禮大故也案桓
八年經書正月己卯烝公羊傳云烝者何冬祭也春曰祠夏
曰礿秋曰嘗冬曰烝常事不書此何以書譏何譏爾譏亟也
亟則黷黷則不敬君子之祭也敬而不黷疏則怠怠則忘士
不及茲四者則冬不裘夏不葛何休云禮本下爲士制四者
士有公事不得及茲四時祭者則不敢美其衣服若然則士
不暇不得祭又不得使人攝大夫已上有公事乃有攝可知

及筮日主人冠端玄即位于門外西面冠端玄玄
冠玄端下言玄者玄冠有不玄端者門謂廟門

【疏】○及筮至西面○注冠端至廟門○釋曰云冠端玄玄冠玄端下
言玄者玄冠有不玄端者則朝服下記云助祭者朝
服不著玄端故也若然玄端一冠冠兩服也對文則玄端有
纁裳玄裳黃裳雜裳若朝服緇布衣而素裳但六入爲玄七
入爲緇大判言之緇衣亦名玄是以散文言之朝服亦名玄
端故論語云端章甫鄭云端玄端也諸侯日視朝之服以端
是正幅幷直服稱端六冕亦有端稱故禮記魏文侯曰吾端

冕而聽古樂則唯恐臥是冕服正幅亦名端也云門謂廟門知者士冠禮云筮於廟門爲冠禮筮尙在廟門此爲祭廟筮在廟門可知若然士冠言廟非祭恐不在廟故言廟此不言廟者爲祭廟筮可知不須言廟也

子姓兄弟如主人之服立于主人之南西面北上所祭者之子孫言子姓者子之所生小宗祭而兄弟皆來與焉宗子祭則族人皆侍

疏子姓至北上○注所祭至皆侍○釋曰云所子姓者子之所生者案鄭注喪大記云姓之言生也云子之所生則孫是也云小宗祭而兄弟皆來與焉者案喪服小記云繼別爲宗繼禰者爲小宗鄭注云小宗有四或繼高祖或繼曾祖或繼祖或繼禰皆至五世則遷若然繼禰者長者爲小宗親弟等雖異宮皆來祭繼祖者從父昆弟皆來祭繼曾祖者從祖昆弟皆來祭繼高祖者族祖昆弟皆來祭是皆據小宗而言也云宗子祭則族人皆侍者此鄭據書傳而言案書傳康誥云天子有事諸侯皆侍尊卑之義注云事謂祭祀又云宗室有事族人皆侍終日大宗已侍於賓奠然後燕私注云謂卿大夫以下宗室大宗之家引禮記別子爲祖繼別爲大宗繼禰爲小宗賓客友助祭者若然大宗子祭一族之內皆來助祭引之者證經子姓兄弟若據小宗有服者若據

大宗兼有絕服者也有司羣執事如兄弟服東面北上士之屬吏也〔疏〕有司至北上○注士之屬吏也○釋曰云如兄弟服者如主人冠端玄左傳云士有隸子弟謂此言爲屬吏而已席于門中闑西閾外爲筮人設之也古文闑作槷閾作蹙〔疏〕席于至閾外○注爲筮人設之也○釋曰案士冠禮云筮與席所卦者具饌于西塾乃言布席于門中筮人執筴抽上韇兼執之此不言具饌于西塾而經但言席于門中取筮于西塾又不云抽上韇者皆是互見省文之義筮人取筮于西塾執之東面受命于主人筮人官名也筮問也取其所用問神明者謂蓍也〔疏〕注筮人至蓍也○釋曰案周禮春官有卜人筮人此士禮亦云筮人故云官名也云筮問也取其所用問神明者謂蓍也者案周禮天府職云季冬陳玉以貞來歲之美惡注云問事之正曰貞凡卜筮實問於鬼神龜筮知生數一二三四五之神筮用蓍蓍知成數七八九六之神則此鄭云神明者也若然神既爲生成之神鄭云謂蓍者則蓍亦有神易繫辭有蓍之德圓而神非直筮有成數之神亦有蓍之神也宰自主

人之左贊命命曰孝孫某筮來日某諏此某事適其皇祖某子尚饗宰羣吏之長自由也贊佐也達也贊命由左者爲神求變也士祭曰歲事此言某事又不言妃者容大祥之後禫月之吉祭皇君也言君祖者尊之也某子者祖字也伯子仲子也尚庶幾也

【疏】宰自至尚饗○注宰羣至庶幾也○釋曰云宰羣吏之長者贊命之事非長不爲又天子諸侯宰皆羣官故知羣吏之長也云贊命由左者爲神求變也者決士冠禮宰自右少退贊命鄭注云宰有司主政教者自由也贊佐也命告也佐主人告所以筮也少儀曰贊幣自左詔辭自右此祭祀故宰自左贊命爲神求吉故變於常禮也云士祭曰歲事此言某事又不言妃者容大祥之後禫月之吉祭者案下宿賓云薦歲事據吉祭而言又少牢吉祭云以某妃配即與士虞記云中月而禫是月也吉祭猶未配此與彼文同故知是禫月吉祭也云言君祖者尊之也者天子諸侯名曾祖爲皇考此士亦云皇祖故云尊之也云某子者祖字也伯子仲子者以其某在子上爲男子美稱故以某爲伯仲叔季五十字下篇云皇祖伯某鄭注云伯某且字也不爲五十字者以某在伯下故爲且字解之與此異也

筮者

許諾還即席西面坐卦者在左卒筮寫卦筮者執以示主人士之筮者坐蓍短由便卦者主畫地識爻爻備以方寫之【疏】注士之至寫之○釋曰云士之筮者坐蓍短由便者決下少牢云史曰若遂述命既乃釋韇立筮鄭注云卿大夫之蓍長五尺立筮由便與士不同知蓍有長短者案三正記云天子蓍長九尺諸侯七尺大夫五尺士三尺是也云卦者主畫地識爻爻備以方寫之者案士冠禮云筮人許諾右還即席坐西面卦者在左卒筮書卦執以示主人鄭云卒已也書卦者筮人以方寫所得之卦彼云書卦即云執以示主人則筮者自寫以示主人也此經云卒筮寫卦乃云筮者執以示主人則寫卦者非筮人故此鄭云卦者主畫地識爻爻備以方寫之也主人受視反之反還筮者還東面長占卒告于主人占曰吉長占以其屬○之長幼旅占之【疏】注長占至占之○釋曰經直云長占知非長者一人而云長幼旅占之者士冠禮云筮人還東面旅占明此亦是長幼旅占經直云長者見從長者爲始也若不吉則筮遠日如初

儀遠日旬之外日〔疏〕若不至初儀○注遠日旬之外日○釋曰案曲禮云吉事先近日喪事先遠日此尊卑禮
同也又云旬之內曰近某日旬之外曰遠某日此尊卑有異
云旬之內曰近某日據士禮吉事先近日謂祭祀假令孟月
先於孟月上旬內筮筮不吉乃用中旬之內更筮中旬又不
吉更於下旬內筮筮不吉即止大夫已上假令孟月祭於前
月下旬筮來月之上旬不吉又於孟月之上旬筮中旬中旬
不吉又於中旬筮下旬下旬又不吉即止不祭今云遠日旬
之外日者謂上旬不吉更於上旬外筮中旬爲旬之
外日非謂如大夫已上旬之外謂旬前爲旬外也宗人
告事畢前期三日之朝筮尸如求日之儀命
筮曰孝孫某諏此某事適其皇祖某子筮某
之某爲尸尚饗三日者容宿賓視濯也某之某者字尸父而名尸連言其親庶幾其馮依之也
大夫士以孫之倫爲尸〔疏〕前期至尚饗○注三日至爲尸○釋曰自此盡主人退論祭前筮尸宿尸之事云三
日者容宿賓視濯也者謂前期二日宿賓一日視濯是以下
云厥明夕陳鼎于門外下至夙興皆祭前一日視濯之事以

其夙興上事是祭前一日也宿賓又是厥明夕爲期上則宿賓與視濯別日又知宿賓是祭前二日此經乃祭前三日筮尸故鄭云容宿賓視濯言容者爲筮尸之後祭日之前有二日容此二事也若然筮尸在祭前三日宿尸云乃乃是緩辭則與筮尸別日矣以此而言則宿尸與宿賓中無厥明之文則二者同日矣二者既同日鄭直言容宿賓視濯不言容宿尸者以其宿賓在厥明之上故不嫌宿尸與宿賓別日也云某之某者字尸父而名尸者經直云某之某鄭知字尸父而名尸者曲禮云爲人子者祭祀不爲尸鄭彼注云尊者之處爲其失子道然則尸卜筮無父者又云卒哭乃諱諱則不稱名故知尸父云某是字尸既對父故某爲名云連言其親庶幾其馮依之也者尸父前世與所祭之父同時同時必相識知今又筮其子爲尸尸又與所祭之子相識父子皆同類故連言其親庶幾其神馮依之也云大夫士以孫之倫爲尸者案祭統云夫祭之道孫爲王父尸所使爲尸者於祭者子行也父北面而事之所以明子事父之道也注云祭祖則用孫列皆取於同姓之適孫也天子諸侯之祭朝事延尸於戶外是以有北面事尸之禮如是則天子諸侯宗廟之祭亦用孫之倫爲尸而云大夫士者但天子諸侯雖用孫之倫取卿大夫有爵者爲之故鳧鷖詩祭尸之等皆言公尸又曾子問云

卿大夫將爲尸於公若大夫士祭尸皆取無爵者無問成人與幼皆得爲之故曾子問孔子曰祭成喪者必有尸尸必以孫孫幼則使人抱之是也

乃宿尸宿讀爲肅肅進也進之者使知祭日當來古文宿皆作羞凡宿或作速記作肅周禮亦作宿【疏】乃宿尸○注宿讀至作宿○釋曰云古文宿皆作羞疊之不從古文云凡宿或作速謂一部之內或作速者若公食大夫速賓之類是也云記作肅者曲禮云主人肅客而入是也又云周禮亦作宿者大宗伯文宿眡滌濯是也是以鄭汎云或也

主人立于尸外門外子姓兄弟立于主人之後北面東上不東面者來不爲賓客子姓立于主人之後上當其後【疏】主人至東上○注不東至其後○釋曰云不東面者來不爲賓客者爲尸者父象也主人有子道故主人北面不爲賓客不敢當尊故不東面此決冠禮宿賓主人東面此中北面不同也云上當其後者子姓兄弟北面陪主人後東頭爲上者不得過主人故爲上者當主人之後也

尸如主人服出門左西面不敢南面當尊【疏】尸如至西面○注不敢南面當尊○釋曰此決少牢云主人即位於廟門外之

東方南面以其大夫尊於。恩有君道故南面當尊此士之孫倫爲尸雖被宿猶不敢當尊也

主人辟，皆東面北上。順尸

主人再拜，尸荅拜。主人先拜尊尸

〔疏〕注主人先拜尊尸。釋曰此決下文宿賓賓先拜主人乃荅拜故。云尊尸是以主人先拜也案少牢云吉則遂宿尸祝擯主人再拜稽首祝告曰孝孫某云云尸拜許諾祝先釋辭訖尸乃拜許。此尸荅拜後宗人乃擯辭者士尸卑主人拜尸即荅拜不得。擯辭訖大夫之尸尊尊得釋辭訖乃拜

宗人擯辭如初，卒曰：筮子爲某尸，占曰吉，敢宿。宗人擯者釋主人之辭如初者如宰贊命筮尸之辭卒曰者著其辭所易也今文無敢

〔疏〕宗人至敢宿。注宗人至無敢。釋曰云如初者如宰贊命筮尸之辭者案筮尸時雖不見宰贊命以其云筮尸如求日之儀筮日時有宰贊命則筮尸時亦有宰贊命可知故此得如之也云卒曰者著其辭所易也者前筮尸辭云筮某之某爲尸尚饗易已上之辭也

祝許諾，致命。受宗人辭許之傳命於尸始宗人祝北面至於傳命皆西面受命東面釋之

〔疏〕祝許諾致命。注受宗至釋之。釋曰云始宗

人視北面至於傳命皆西面受命東面釋之者以其上文始時主人與子姓兄弟立于尸門外北面重行則宗人與祝相隨亦皆北面故云始宗人祝北面至於尸出門左西面主人避之門西東面定位訖宗人進主人之前西面鄉之受命受命訖尸既西面明宗人旋鄉東面釋之可知

尸許諾主人再拜稽首其許亦宗人受於祝而告主人〔疏〕尸許至稽首○注其許至主人○釋曰云其許亦宗人受於祝而告主人者謂祝受尸許諾辭旋西面告宗人宗人告主人尸許諾主人乃再拜稽首

尸入主人退相揖而去尸不拜送尸尊〔疏〕注相揖至尸尊○釋曰鄭知有相揖而去者約下篇少牢云主人退尸送揖不拜是也但彼有送文此經尸入後乃言主人退則尸不送可知此尸不送者士卑故尸被宿之後不送也大夫尊故尸雖受宿猶送大夫也

宿賓賓如主人服出門左西面再拜主人東面荅再拜宗人擯曰某薦歲事吾子將涖之敢宿薦進也涖臨也言吾子將臨之知賓在有司中今特肅之尊賓耳〔疏〕宿賓至敢宿○注薦進至賓耳○釋

曰自此盡賓拜送論士將祭宿屬吏內一人爲備三獻賓之事也云言吾子將臨之知賓在有司中者以其云將臨之明前筮尸在其中可知以上無戒文今宿之云吾子將涖之明知賓在有司內可知案前文有司羣執事如兄弟服東面北上鄭云士之屬吏此云賓在有司內則賓是士之屬吏可知下記云公有司門西北面東上獻次衆賓私臣門東北面西上獻次兄弟賓及衆賓行事在西階之下復似賓不在有司中者但賓是士之屬吏內言私臣據已自辟除者言公有司者亦是士之屬吏命於其君者言賓在有司中者諸士。此獻者之中選以爲賓又選爲衆賓以下若在門外時同在門西東面北上及其入爲賓及衆賓者適西階以俟行事公有司不選爲賓者門西北面私臣不選爲賓門東北面門外不列者以其未有事入門而列者爲將行事公有司門西私臣門東二者皆無事故經不見記人乃辨之見其與於獻也云今特肅之尊賓耳者賓有司之內不嫌不助祭今特宿之者將使爲賓也

賓曰某敢不敬

從主人再拜賓荅拜主人退賓拜送厥明夕

陳鼎于門外北面北上有鼏厥其也宿賓之明日夕門外北面當門也

古文鼏爲密〔疏〕注厥其至爲密○釋曰自此盡主人拜送論祭前一日之夕視濯與視牲之事云門外北面當門也者以其經直云門外不言門之東西故知當門下篇少牢陳鼎在門東此當門者士卑避大夫故也

棜在其南南順實獸于其上東首順猶從也棜之制如今大木轝矣上有四周下無足獸腊也〔疏〕棜在至東首○注順猶至腊也○釋曰下篇云少牢牲北首東上司馬刲羊司士擊豕宗人告備乃退不言獸少牢五鼎明有獸可知不言之者已有二牲略其小者故不言之也案士虞記陳牲于廟門外北首西上鄭注云言牲腊在其中西上變吉此亦其西北首東足與彼文同彼云變吉者彼牲云北首西上明腊亦北首可知此實獸棜上東首不與牲相統故云變吉云棜之制如今大木轝矣上有四周下無足者鄭舉漢法以曉古諸禮禮記及此儀禮而言棜者以無足解之云獸腊也者特牲鼎有豕魚腊案周禮腊人鄭注云小物全乾爲腊故知豕云牲魚水物云獸是腊可知

牲在其西北首東足其西棜西也東足者尚右也牲不用棜以其生〔疏〕注其西至其生○釋曰豕不可牽之縛其足陳於門外首北出棜東其足寢其左以其周人尚右將祭故也云

牲不用楸，以其生者對腊死用楸而言之。設洗于阼階東南，壺禁在西序；豆籩鉶在東房，南上；几席兩敦在西堂。東房，房中之東，當夾北。西堂，西夾室之前，近南耳。【疏】注東房至南耳○釋曰：大夫士直有東房西室，若言房則東房矣。故士冠禮陳服于房中西墉下，東領北上，不言東。又昏禮側尊甒醴于房中，亦不言東。如此之類皆不言東，以其直有一房，不嫌非東房，故不言東。今此經特言東房，明房內近東邊，故云東房房也。夾室半以南為之，以壁外相望則當夾北也。又與少牢籩豆所陳相反，少牢近於西方，此經則房中之東也。言當夾北者，以其夾室在房近南東，故云房中之東當夾北也。云西堂西夾之前近南耳者，案爾雅注夾室前堂謂之相，此在西堂在西相，故云西夾之前近南也。主人及子姓兄弟即位于門東，如初。初筮位也。賓及衆賓即位于門西，東面北上。不象如初者，以宰在，而宗人、祝不在。【疏】注不象至不在○釋曰：云不象如初者，此決上經主人及子姓兄弟即位于門東如初筮位，今賓及衆賓者即是前者有

司舉吏執事當言如初不言者以宰前筵時在門東贊主人辭今宰在門西同行又宗人視離位賓西北東面南上異於筵位時故不言如初也

宗人視立于賓西北東面南上事彌至位彌異宗人視於祭宜近廟〔疏〕注事彌至位彌異○釋曰云事彌至者謂祭事彌至位彌異者謂宗人視近門離本位故云位彌異

主人再拜賓荅再拜三拜衆賓衆賓荅再拜衆賓再拜者士賤旅之得備禮也〔疏〕注衆賓至禮也○釋曰云旅之得備禮者謂衆賓無問多少揔三拜之旅衆也衆賓共得三拜故云旅之也衆賓再拜者士賤衆賓得備禮案有司徹主人降南面拜衆賓于門東三拜衆賓門東北面皆荅一拜注云言三拜者衆賓賤旅之也衆賓一拜賤也鄉大夫尊賓賤純臣也經云皆荅一拜明人人從上至下皆一一獨荅拜以其純臣故也所以不再拜者避國公故也此士賓莫問多少皆得一時再拜者以其士賤衆賓得備禮故也

主人揖入兄弟從賓及衆賓從即位于堂下如外位爲視濯也宗人升自西階視壺濯

及豆籩反降東北面告濯具濯漑也不言敦鉶者省文也東北面告緣賓意欲聞也言濯具不言絜以有几席〔疏〕主人至濯具○注濯漑至几席○釋曰云不言敦鉶者省文也者決上文初饎時云豆籩鉶在東方明敦及鉶亦視可知文不言者省文故也上陳時經有几席鄭注所以不并言几席爲省文也云者經言告濯具几席不在濯内故不得云几席爲省文也云東北面告緣賓意欲聞也者經云即位于堂下如外位則主人在東階之下宗人降自西階宜東面告濯具以賓在西亦欲聞之故也所以不正面告者爲主人告故也云言濯具不言絜以有几席者凡洗濯當告絜不洗者告具而已几席不在洗内故直告濯具不言絜嫌通几席亦在洗濯之限此決下經門外舉鼎鼏云告絜賓出主人出皆復外位爲視牲也今文復爲反宗人視牲告充雍正作豕充猶肥也雍正官名也北面以策動作豕視聲氣〔疏〕注充猶至聲氣○釋曰云北面以策動作豕者此無正文經云作是動作之言故知以策動作豕云視聲氣者案禮記内則周禮庖人唯云豕望視而交睫腥不云豕之聲氣而鄭云視聲氣者但祭祀之牲當充盛肥若聲氣不和即是疾病不

堪祭祀故云宗人舉獸尾告備舉鼎鼏告絜備具
視壅氣也肉謂之羹飪孰也謂明日質明時而曰肉
請期曰羹飪孰重豫勞賓宗人既得期西北面告賓有
司〔疏〕請期曰羹飪○注肉謂至有司○釋曰案少牢云宗
人曰旦明行事此不云旦明行事而云羹飪者彼大
夫尊有君道可以豫勞賓故云時節此士卑無君道故不云
旦明而云羹飪是以鄭云重豫勞賓羹飪乃來也云宗人既
得期西北面告賓有司者此案少牢云主人門東南面宗人
朝服北面曰請祭期主人曰比於子宗人曰旦明行事上文
門外賓位在門西東面今既得期鄉西在
賓南北面告賓與有司使知祭日當來也告事畢賓出
主人拜送夙興主人服如初立于門外東方
南面視側殺夙早也興起也主人服如初則其餘有不玄端者側殺殺一牲也〔疏〕夙興
至側殺○注夙早至牲也○釋曰自此盡於中庭論祭日夙
興主人主婦陳設及行位之事云主人服如初則其餘有不
玄端者案下記云特牲饋食其服皆朝服玄冠緇帶緇韠注
云於祭服此也皆者謂賓及兄弟筮日筮尸視濯亦玄端至

祭而朝服朝服者諸侯之臣與其君日視朝之服大夫以祭今賓兄弟緣孝子欲得嘉賓尊客以事其祖禰故服之緇韠者下大夫之臣夙興主人服如初則固玄端是也鄭云其餘有不玄端者明亦有著玄端者是以下記人辨之云唯尸祝佐食玄端玄裳黃裳雜裳可也皆爵韠鄭注云與主人同服是有同服者有著朝服者故鄭云其餘有不玄端者也云側殺殺一牲也者案少牢主人即位於廟門之外司馬刲羊司士擊豕皆主人不視殺案楚語云諸侯宗廟之事必自射其牲刲羊擊豕又司弓矢云凡祭祀共射牲之弓矢注云射牲示親殺也殺牲非尊者所親唯射爲可又國語云禘郊之事天子必自射其牲玉藻云凡有血氣之類君子弗身踐也者據凡常非祭祀天子尊于郊射牲諸侯降天子故宗廟亦親殺大夫士不敢與君同故視之而不親殺之側殺殺一牲者案冠禮云側尊一甒醴在服北鄭注云側猶特也無偶曰側以其無玄酒是以少牢云司馬刲羊司士擊豕以其二牲不云側也

主婦視饎爨于西堂下

下炊黍稷曰饎宗婦爲之爨竈也西堂下者堂之西下也近西壁南齊于坫古文饎作糦周禮作饎

疏注炊黍至作饎○釋曰知宗婦爲之者以經言主婦視饎爨明主婦自爲也是以下記云宗婦贊薦者執以坐于戶外授

主婦尸卒食而祭饎爨鄭以祭饎爨用黍而已是宗婦爲之可知也云爨竈也者周公制禮之時謂之爨至孔子時則謂之竈故論語王孫賈云與其媚於奧寧媚於竈是孔子時爲竈也云西堂下者堂之西下也者以其爲爨不可正在堂下當逼西壁爲之故云堂之西下近西壁也又知南齊于坫者案既夕記云設棜于東堂下南順齊于坫明在東西堂下皆齊於坫可知又鄭下注引舊說云南北直屋梠稷在南是也案少牢云雍人概鼎匕俎于雍爨雍爨在門東南北上廩人概甑甗匕與敦於廩爨廩爨在雍爨之北廩爨既在門外不見主婦有視文主婦未知視之以否主婦視饎爨猶主人視殺牲故易歸妹上六云女承筐無實士刲羊無血鄭注宗廟之禮主婦奉筐米如饎之時兼視之可知云周禮作饎者所謂故書者或作饎也

亨于門外東方西面北上亨煑也煑豕魚腊以鑊各一爨詩云誰能亨魚溉之釜鬵

疏注亨煑至釜鬵○釋曰知用鑊者下少牢云羹定雍人陳鼎五三鼎在羊鑊之西二鼎在豕鑊之西故用鑊也

羹飪實鼎陳于門外如初初視濯也尊于戶東玄酒在西戶東室戶東玄酒在西尚之凡尊酌者在左

疏注戶東至

在左○釋曰知戶東是室戶東者若據房戶東西則舉東房而言今直云戶東故知室戶東也云玄酒在西尚之凡尊酌者在左者左為上尊今云玄酒在西故云尚之是以鄉飲酒鄉射皆玄酒在西事酒在東若燕禮大射唯君面尊不從此義也

實豆籩鉶陳于房中如初如初者取而實之既而反之〔疏〕注如初至反之○釋曰經云實豆籩者謂取豆籩實之又言陳于房中如初者明既而反之可知也

執事之俎陳于階間二列北上執事謂有司及兄弟二列者因其位在東西祝主人主婦之俎亦存焉不升鼎者異於神〔疏〕執事至北上○注執事至於神○釋曰鄭知經執事之俎祝主人主婦亦存焉者見士虞記祝俎陳於階間敦東彼虞不致爵故見主人主婦俎明此吉祭有致爵主人主婦陳於階間可知以主婦亦是執事之人也若然少牢主人主婦無俎者以三獻禮成別為儐尸正祭無致爵故主人主婦無俎儐尸行三獻致爵乃有俎下大夫不儐尸者亦於三獻尸爵止行致爵乃有俎也云不升鼎者異於神者前俎升鼎而入設於階前此鼎在門外不入而言陳於階間二列故知不升鼎

盛兩敦陳于西堂藉用萑。几

席陳于西堂如初盛黍稷者宗婦也萑細葦古文用爲于〔疏〕注盛黍稷者宗婦也○釋曰知盛黍稷是宗婦者以其黍稷是宗婦所主故知也尸盥匜水實于槃中簞巾在門內之右設盥水及巾尸尊不就洗又不揮門內之右象洗在東統于門東西上凡鄉內以入爲左右鄉外以出爲左右〔疏〕尸盥至之右○注設盥至左右○釋曰云不揮者揮振去水使手乾今有巾故不揮也是以僖二十三年左氏傳云公子重耳在秦秦伯納女五人懷嬴與焉奉匜沃盥既而揮之懷嬴怒是也云門內之右象洗在東者東謂門東據向內爲右故鄭云統於門東西上云凡鄉內以入爲左右鄉外以出爲左右者欲明門內據鄉內以入爲右者也祝筵几于室中東面爲神敷席也至此使祝接神〔疏〕注爲神至接神○釋曰案上視濯時云宗人視立於賓西北東面南上鄭注云事彌至位彌異宗人祝於祭宜近廟至人廟時宗人獨外視濯及出門外視牲告充未有使祝之文至此臨祭使祝敷神席故鄭云至此使祝接神故也主婦纚笄宵衣立于房中南面主婦主人之妻雖姑存猶

使之主祭祀纚笄首服宵綺屬也此衣染之以黑其繒本名曰宵詩有素衣朱宵記有玄宵衣凡婦人助祭者同服也內則曰舅沒則姑老冢婦所祭祀賓客每事必請於姑【疏】主婦至南面○注主婦至於姑○釋曰云雖姑存猶使之主祭祀者謂姑老不堪祭祀故姑存猶使之主祭祀也云纚者謂若士冠禮廣終幅長六尺笄安髮之笄非冠冕之笄冠冕之笄男子有婦人無若安髮之笄男子婦人俱有婦人笄對男子冠故內則云男女未冠笄又喪服小記云男子冠而婦人笄是也云宵綺屬也此衣染之以黑其繒本名曰宵者謂此宵衣是綾綺之屬鄭注內司服云男子之褖衣黑則是亦黑也以其士喪禮有褖衣與士冠玄端爲一玄端黑是男子褖衣亦黑則此婦人宵衣亦黑可知其玄則黑之類也故鄭引玉藻君子狐青裘。玄宵衣以裼之證婦人玄宵衣亦黑也云其繒本名宵者此字據形聲爲綃從絲肖聲但詩及禮記儀禮皆作宵字故鄭云其繒本名曰宵故引詩及禮記爲證引詩者直取字爲證引記謂禮記玉藻非直取證字爲宵亦以證婦人宵衣爲玄也云凡婦人助祭者同服也者經及記不見主婦及宗婦異服之文故知同服對男子助祭祝佐食等與主人服異也少牢云主婦贊者一人亦髮鬄衣移袂與主婦同其餘雖不移袂同亦宵衣可知依內司服天子諸侯王后以下助祭皆不同者人君尊卑差等大夫士卑服窮則同也引内則者彼舅沒時年七十以上姑雖存年六十巳上而當傳之家事故子之妻代姑祭雖代姑每事必請於姑引之者證經主婦而舍姑未老自爲主婦姑老則子妻爲主婦也

主人及賓兄弟羣執事即位于門外如初

宗人告有司具具猶辦也主人拜賓如初揖入即位如初初視濯也

佐食北面立于中庭佐食賓佐尸食者立于宗人之西

〔疏〕佐食至中庭○注佐食至之西○釋曰案下記云佐食當事則戶外南面無事則中庭北面據此而言則此經謂無事時也云立于宗人之西者案士虞禮云主人及兄弟賓即位于西方如反哭位注引既夕禮云反哭入門升自西階東面經又云宗人西階前北面注云當詔主人此特牲吉禮主人行事由阼階宗人亦在阼階階南擯主人佐食北面於中庭明在宗人之西可知

儀禮疏卷第四十四

儀禮注疏卷四十四挍勘記　阮元撰盧宣旬摘錄

特牲饋食禮第十五

諸侯之士祭祖禰非天子之士而於五禮屬吉禮　集釋挍云此條有脫誤釋文引鄭云諸侯之士以歲時祭其祖廟之禮又疏云鄭知非天子之士而云諸侯之士者似釋文所引乃鄭目録本文此云非天子之士及而字皆疏内字訛入注文于五禮屬吉禮下又脫大戴第七小戴第十三别録第十五凡十四字○按釋文廟字誤當從疏作禰

特牲饋食之禮

於廟門諏丁巳之日今文諏皆爲詛　下六字毛本脫徐本集釋俱有與此本標目合通解無按釋文摘爲詛二字

食道是生人飲食之道　通解要義同毛本無生字

耳云祭祀自孰始者 毛本耳作且要義作耳屬上句

欲見天子諸侯饋食已前 食要義作孰

吾不與祭如不祭 要義同毛本無如不祭三字

諸侯礿則不禘 要義同毛本礿作祠○按王制作礿

常事不書 要義同毛本常作嘗○按公羊作常

及筮日

諸侯日視朝之服 毛本日作曰蒲鏜云日誤曰

云門謂廟門 陳閩同毛本謂作爲

士冠禮云 陳閩同毛本士作是○按士字是

爲冠禮筮 毛本爲作而○按此本是

席于門中

古文闑作槷文徐陳集釋通解俱作文毛本作人槷徐本釋文集釋通解俱作槷毛本作槷

筮人取筮于西塾

神既爲生成之神通解同毛本下神字作人

圜而神非通解同毛本非字在神上○按非字屬下句是也

宰自右人之左贊命

祖字也 補鏜改祖爲且非是說見下

贊命之事通解同毛本事作辭陳本誤作辛

決士冠禮毛本決作法

據吉祭而言通解要義同毛本無祭字○按通解是也

此與彼文同　毛本彼誤作本

伯某且字也　要義無伯字且此本要義俱作且下同毛本且作祖陳本此句誤作但下句亦作且段玉裁云特牲祖字少牢且字皆不誤且之言薦也薦其字也賈疏分別此稱祖字少牢稱且字之指而刻本疏內誤且為祖致學者不能讀浦鏜之說二篇互訛○按凡言且字者皆謂二十字非謂五十字也少牢疏言之甚明少牢云伯某某在伯下是二十字也此云某子某在子上是五十字也故少牢為且字此為祖字

筮者許諾

與士不同　通解同毛本與作於○按與字是

筮者還

以其屬之長幼　徐本同集釋通解楊氏毛本屬俱作年

若不吉

又云旬之內曰近某日曰字毛本作日下同通解此句作日下兩句仍誤作日

前期三日之朝

上則宿賓與視濯別日上陳閩俱作士

宿尸云乃乃是綏辭毛本不重乃字

二者既同日毛本無既字

令又筮其子爲尸陳閩通解要義同毛本又作有

朝事延尸於戶外要義同毛本延作筵

乃宿尸

古文宿皆作羞凡宿或作速上六字毛本脫徐本集釋俱有與疏合通解無

釁之不從古文要義同毛本釁作舋

謂一部之內 通解要義同毛本部作布

主人肅客而入 毛本肅誤作速

是以鄭汎云或也 通解要義同毛本汎作況○按汎字是

主人立于尸外門外

此中北面 要義同毛本通解監本無中字

尸如主人服

以其大夫尊於恩有君道字 要義同毛本通解無於恩二字

主人再拜

故云尊尸 要義同毛本通解故云作今此

尸乃拜許 要義同毛本通解無許字 不得擯辭許 得當作待

宗人擯辭如初

著其辭所易也今文無敢下四字毛本脫徐本集釋俱有與此本標目合通解俱無也字

宿賓

諸士此獻者之中士要義作在通解作士刪下五字

記人乃辦之人陳本通解要義俱作人毛本作久辦通解要義俱作辦毛本作辨

厥明夕

下篇少牢陳鼎在門東鼎陳本通解要義俱作鼎是也毛本誤作鼏

棜在其南

如今大木轝矣轝宋本釋文作輿

下篇云少牢要義同毛本通解無云字

少牢五鼎　鼎陳本通解要義俱作鼎是也毛本作鼏

特牲鼎　要義同毛本通解牲下有三字

有豕魚腊　有通解作言

設洗于阼階東南

西夾室之前近南耳　張氏曰跡無室字此篇末注云東堂東夾之前聘禮經曰西夾亦如之公食大夫立于東夾南注曰箱東夾之前覲禮注曰東箱東夾之前士喪禮注曰襲經于序東東夾前亦不帶室字從疏○按夾室古祇稱夾顧命云東夾西夾無室字至雜記釁廟始稱夾室

當夾北也　通解要義同毛本北作之○按北字是

夾室前堂謂之相　通解要義同毛本堂作當相作廂下同○按堂是也

賓及衆賓

不象如初者　象集釋楊氏俱作蒙張氏曰疏象字于既夕禮作蒙從既夕禮

以宰在　徐本集釋楊氏同通解毛本宰作賓

注不象至不在　按此象字當作蒙下同

主人再拜賓荅再拜　唐石經徐陳閩葛集釋通解要義楊敖同毛本荅再二字倒

以其純臣故也　通解要義同毛本無臣字

衆賓得備禮故也　要義同毛本備作致○按備是也

宗人升自西階

決上文初饌時云　陳本通解同毛本上誤作下

文不言者　毛本文作經監本同通解無○按經是也

凡洗濯當告絜　通解同毛本無凡字

故直告濯具　陳閩通解同毛本告作言

亦在洗濯之限　通解同毛本無在字

賓出

爲視牲也今文復爲反　下五字毛本脫徐本集釋俱有通解無

宗人視牲告充

周禮庖人唯云　毛本唯作職○按唯字是

而鄭云　毛本鄭誤作正

請期

而日肉熟也　徐本同集釋通解毛本監本日俱作曰按曰是

告賓與有司　通解同毛本重賓字

夙興〇立于門外東方南面　方唐石經徐本集釋通解要義楊敖俱作方毛本作㫄

緇韠者　毛本韠誤作之

是以下記人辨之　陳本通解要義同毛本辨作辯

司士繫豕　繫要義作擊下同按疏內繫字凡三見通解祇載最後一條亦作擊〇按少牢作司士繫豕

君子弗身翦也者　毛本翦作踐〇按玉藻注云踐當為翦聲之誤故賈氏即改作翦〇按翦是也

主婦視饎爨于西堂下

南齊于坫　釋文楊氏俱無于字按疏有

又知南齊于坫者　要義同毛本無者字通解自者字起至皆齊于坫並删

廩人摡甑甗匕與敦於廩爨要義同毛本甑作甑○按作甑與少牢文合

兼視之可知要義同毛本視作事

亨于門外東方

溉之釜鬵張氏曰釋文溉作摡古愛反從釋文○按今本釋文仍作溉

尊于戶東

若據房戶東西毛本戶誤作中

事酒在東毛本事誤作尊

唯君面尊毛本通解面作西

實豆籩鉶

經云實豆籩者者下此本空一字按空處疑是明字

執事之俎

故見主人主婦俎　要義同毛本通解故下有不字

以三獻禮成　三獻二字通解要義同毛本作獻三

盛兩敦陳于西堂藉用萑　萑唐石經初刻作雚

尸盥匜水

東謂門東　通解同毛本謂作爲

欲明門內據鄉內以入爲右者也　閩本同毛本右者作左右

祝筵几于室中東面

爲神敷席也　陸氏曰敷音孚本又作鋪普禾反後同

至此使祝接神　徐葛集釋通解楊氏同毛本祝作親

東面南上　通解同毛本面作西

至此使祝接神故也　毛本無故字

主婦纚笄宵衣○南面　毛本南誤作東

此衣染之以黑　此徐本作此集釋通解楊氏俱作此張氏曰諸本此作此從諸本

狐青裘　通解要義同毛本裘下有豹褎二字

從絲省　省當作肖

亦髲鬄衣移袂　髲通解作髮髲要義毛本誤作髮移毛本作侈通解要義俱作移下同○按少牢作衣侈釋文云侈本又作移疑移乃移之誤

天子諸侯王后以下助祭　通解要義同毛本無下字

證經主婦而含姑　要義同毛本含作含

未老自爲主婦　毛本未作夫要義作未○按疏意經言主婦兼姑與子妻言之故曰證經主婦而舍姑也曲禮云七十曰老而傳謂傳家事也祭祀猶自主之是舅未沒則姑未老舅爲主人姑爲主婦舅沒則姑老子爲主人子妻爲主婦

佐食北面立于中庭

卽位于西方　陳閩俱無方字

升自西階東面　要義同毛本升作外○按旣夕作升

主人行事由阼階　要義同毛本無由字通解由誤作面

宗人亦在阼階階南擯　要義同毛本通解階字不重

儀禮注疏卷四十四挍勘記終

奉新余成教校

儀禮疏卷第四十五

唐朝散大夫行大學博士弘文館學士臣賈公彥等撰

主人及祝升祝先入主人從西面于戶內祝先入接神宜在前也少牢饋食禮曰祝盥于洗升自西階主人盥升自阼階祝先入南面〔疏〕主人至戶內○注祝先至南面○釋曰自此盡稽首論主人主婦及祝祝與佐食陳設陰厭之事云主人從西面于戶內注引少牢者證主人戶內西面其時祝北墉下南面之事以其未有祝行事之法直監納祭而已下文乃云祝在左爲孝子釋辭乃有事也

主婦盥于房中薦兩豆葵菹蝸醢醢在北主婦盥盥於內洗昏禮婦洗在北堂直室東隅

宗人遣佐食及執事盥出命之盥出當助主人及賓舉鼎

主人降及賓盥出主人在右及佐食舉牲鼎賓長在右及執事舉魚腊鼎除鼏及與

也主人在右統於東主人與佐食者賓尊不載少牢饋食禮魚用鮒腊用麋士腊用兔〔疏〕注及與至用兔○釋曰鼎在門外北上東爲右人西爲左人右人尊入時在鼎前左人畢入時在鼎後又盡載牲體於俎又設俎于神坐之前主人升乃以東爲主今在堂下主人在右故云統於東也云主人與佐食者賓尊不載者以賓主當相對爲左右以賓尊不載牲體故使佐食對主人使賓爲右人而使執事在左而載也

宗人執畢先入當阼階南面畢狀如乂蓋爲其似畢星取名焉主人親舉宗人則執畢導之既錯乂以畢臨匕載備失脁也雜記曰朼用桑長三尺畢用桑三尺刊其本與末朼畢同材明矣今此朼用棘心則畢亦用棘心舊說云畢以御他神物神物惡桑乂則少牢饋食及虞無乂何哉此無乂者乃主人不親舉耳少牢大夫祭不親舉虞喪祭也主人未執事祔練祥執事用桑乂自此純吉用棘心乂

〔疏〕宗人至南面○注畢狀至心乂○釋曰云畢狀如乂者下引舊說有他神物惡桑乂之言故以乂而言云蓋爲其似畢星取名焉者案詩云有捄天畢載施之行無正文故云蓋以疑之也云主人親舉宗人則執畢導之既錯乂以畢臨匕載備失脁也知義然者以經言宗人執畢先入是導之也又知既錯

义以畢臨匕載備失脫也者以經云當阼階南面明鄉主人執事臨匕備失脫可知也云今此朼用棘心則畢亦用棘心者案下記云棘心匕刻是也知畢亦棘心者以雜記匕畢同用桑據喪祭今吉祭匕用棘心則畢亦棘心也云舊說云畢以御他神物神物惡桑义舊說如此又引少牢士虞已下破舊説之意也云此無义者乃主人不親舉耳者總解士虞少牢二禮云少牢大夫祭不親舉者大夫尊主人不親舉云虞喪祭祭也主人未執事者對吉祭主人執事有畢彼無也云祔練祥執事用桑义者以其虞時主人不執事則祔已執事執事用桑义則雜記所云是也云自此純吉用棘心义者除祥後則禮月及吉祭用棘心也案易震卦彖辭云震來虩虩笑言啞啞震驚百里不喪匕鬯鄭注云雷發聲於百里古者諸侯象諸侯出教令能警戒國內則守其宗廟社稷爲之祭主不亡其匕鬯人君於祭匕牲體薦鬯而已其餘不親爲也若然諸侯親匕牲體大夫不親者辟人君士卑不嫌得與人君同親匕也

鼎西面錯右人抽扃委于鼎北右人謂主人及二賓既錯皆西面俟也贊者錯俎加匕贊者執俎及匕從鼎入者其錯俎東縮加匕東柄既則退而左人北面也〔疏〕注贊者至北面○釋曰云

其錯俎東縮加匕東柄者少牢云俎皆設于鼎西西肆又云匕皆加于鼎東枋則此加匕於鼎東柄可知云既則退而左人北面也知者以其俎從於鼎西其人當北面於其南載之便是以昏禮亦云北面載執而俟是也**乃朼**右人也尊者於事指使可也左人載之**佐食升肵俎鼏之設于阼階西**肵謂心舌之俎也郊特牲曰肵之爲言敬也言主人之所以敬尸之俎古文鼏皆作密【疏】注肵謂至作密○釋曰知肵謂心舌者下記云肵俎心舌皆去本末午割之實於牲鼎載心立舌縮俎是也引郊特牲者見敬有肵俎從于尸前**卒載加匕于鼎**卒已也已載畢亦加焉【疏】注卒已至加焉○釋曰主人匕牲體宗人以畢助之主人匕事訖加之於鼎則宗人既事亦加於鼎可知**主人升入復位**

俎入設于豆東魚次腊特于俎北入設俎載者腊特饌要方也凡饌必方者明食味人之性所以正【疏】注入設至以正○釋曰知載人設俎者以其經卒載下即云入設不見別人明是載者設之可知云腊特饌要方也者案經豆在神坐之前豕俎入設於豆東魚俎又次其東若腊俎復在東

則饌不得方故腊俎特于俎北取其方故也○主婦設兩敦黍稷于俎南西上及兩鉶芼設于豆南南陳宗婦不贊敦鉶者以其少可親之芼菜也【疏】注宗婦至菜也○釋曰案少牢主婦設金敦宗婦贊三敦以其多故使宗婦贊此士祭祀二敦少故不使宗婦贊主婦可親之也若然案少牢佐食贊鉶宗婦不贊鉶此不以佐食決之而并云宗婦者此決有司徹故有司徹云主婦洗于房中出實爵尊南西面拜獻尸尸拜于筵上受主婦西面于主人之席北拜送爵入于房取一羊鉶坐奠于韭菹西主婦贊者執豕鉶以從主婦不興受設于羊鉶之西又下至主婦致爵于主人主婦設二鉶與糗脩如尸禮皆是也

祝洗酌奠奠于鉶南遂命佐食啓會佐食啓會卻于敦南出立于戶西南面酌奠奠其爵觶也少牢饋食禮啓會乃奠之【疏】注酌奠至奠之○釋曰引少牢者案少牢祝酌奠遂命佐食佐食啓會乃奠者彼大夫禮與此士禮相變是以與此奠乃啓會異也主人再拜稽首祝在左稽首服之甚者祝在左當

為主人釋辭於神也祝祝曰孝孫某敢用剛鬣嘉薦普淖用薦某事於皇祖某子尚饗　疏注稽首至尚饗○釋曰引少牢祝祝已下者欲見迎尸之前釋孝子之辭也

卒祝主人再拜稽首祝迎尸于門外　尸自外來代主人接之就其次而請不拜不敢與尊者為禮周禮掌次凡祭祀張尸次　疏祝迎尸于門外○注尸自至尸次○釋曰自此盡反黍稷于其所論陰厭後迎尸于正祭之事云尸自外來代主人接之者下注云主人不迎尸成尸尊故也云就其次而請不拜不敢與尊者為禮者凡平賓客皆在門西主人出門左西面拜今此經直云迎尸於門外不言祝拜尸荅拜是祝出就次尸乃出次迎之而入門是不敢與尊者為禮引周禮者證門外張尸次之事也

主人降立于阼階東　主人不迎尸成尸尊尸所祭者之孫也祖之尸則主人乃宗子禰之尸則主人乃父道事神之禮廟中而已出迎則為厭　疏注主人至為厭○釋曰云主人不迎尸成尸尊者案祭統云君迎牲而不迎尸別嫌也尸在廟門外則疑於臣在廟中則全於君君在廟門外則疑於君入廟門則全於臣全於子鄭云不迎尸者欲全其尊也尸神象也鬼神之尊在廟中人君之尊出廟門則伸此士

禮雖無君道亦尊尸主人不迎迎之尊不成不迎之則成尸之道尊也云尸所祭者之孫也者禮記云孫爲王父尸是也云祖之尸則主人乃宗子者以其祭祖兄弟來助祭故知宗子小宗大宗五宗皆然書傳云宗子將有事族人皆入侍也云禰之尸則主人乃父道者禮記祭統云夫祭之道孫爲王父尸所使爲尸者於祭者子行也父北面而事之所以明子事父之道也此父子之倫也注云祭祖則用孫列皆取於同姓之適孫是其禰之尸則主人乃父道也云事神之禮廟中而已出迎則爲厭厭有出廟門主人有君是是厭臣之義故不迎也

尸入門左北面盥

宗人授巾侍盥者執其器就之執簞者不授巾賤也宗人授巾庭長尊少牢饋食禮曰祝先入門右尸入門左（疏）注侍盥至門左○釋曰引少牢者見上經陳盥在門右今尸入門左尸尊不就盥槃匜巾等鄉門右就尸之義也

尸至于階祝延尸尸升入祝先主人從延進在後詔侑曰延禮器所謂詔侑武方者也少牢饋食禮曰尸升自西階入祝從主人升自阼階祝先入主人從（疏）尸至至人從○注延進至人從○釋曰云在後詔侑曰延者案士虞禮尸謖祝前鄉尸鄭注云前道也祝

道尸必先鄉之爲之節彼祝居尸前道之此則在尸後詔之故云延也云禮器所謂詔侑武方者彼注武無也祝詔侑尸無常謂若檀弓子事父母左右就養無方今祝延尸道尸亦無常也引少牢者見祝從尸主人又從祝入之事

尸即席坐主人拜妥尸 妥安坐也 尸荅拜執奠祝饗主人拜如初 饗勸強之也其辭取于士虞記則宜云孝孫某圭爲孝薦之饗舊說云明薦之

疏 尸荅至如初○注饗勸至薦之○釋曰云其辭取于士虞記則宜云孝孫某圭爲孝薦之饗者但喪祭稱哀吉祭稱孝故士虞記卒哭饗尸辭曰哀子某圭爲哀薦之饗此既吉祭宜云孝孫某圭爲孝薦之饗以其改哀云孝故曰宜云也引舊說者證圭爲絜明之義也

祝命挼祭尸左執觶右取菹抨于醢祭于豆閒 命詔尸也挼祭祭神食也士虞禮古文曰祝命佐食墮祭周禮曰既祭則藏其墮墮與挼讀同耳今文改挼皆爲綏古文此皆爲挼祭也抨醢者染於醢

疏 祝命至豆閒○注命詔至於醢○釋曰云挼祭祭神食也者鄉者設饌未迎尸陰厭厭飫神今尸來升席而挼祭祭訖當食神餘引周禮而云墮與挼讀同則二字

通用云今文改挼皆爲綏不從今文引古文者欲見挼下有祭無醢故疊之而不從也云挼醢者染於醢從經爲正也

佐食取黍稷肺祭授尸尸祭之祭酒啐酒告旨主人拜尸奠觶荅拜肺祭刌肺也旨美也祭酒穀味之芬芬者齊敬共之唯恐不美告之美達其心明神享之〔疏〕注肺祭至享之。○釋曰知肺祭是刌肺也者下記刌肺三鄭注爲尸主人主婦祭明是刌肺非舉肺也

祭鉶嘗之告旨主人拜尸荅拜鉶肉味之有菜和者曲禮曰客絮羹主人辭不能亨〔疏〕注鉶肉至能亨。○釋曰云鉶肉味之有菜和者此即公食大夫牛藿羊苦豕薇之等是也以其盛之鉶器因號羹爲鉶故云肉味有菜和者引曲禮者證鉶羹有五味調和不合絮調之義故告旨若大羹不調以鹽菜無絮調之理也

祝命爾敦佐食爾黍稷于席上爾近也近之便尸之食也

設大羹湆于醢北大羹湆煑肉汁也不和貴其質設之所以敬尸也不祭不嚌大羹不爲神非盛者也士虞禮曰大羹湆自門入今文湆皆爲汁〔疏〕設大羹湆于醢

北。注大羹至爲汁。釋曰云臨北者爲薦左案公食大夫昏禮大羹湆皆在薦右此在左者神禮變於生人士虞禮大夫羹湆設于鉶南在右與生人同有不忍異於生故也云不和貴其質者案桓二年左氏傳云大羹不和以鹽菜是貴其質也云不爲神者陰厭時未設尸來始設爲尸故士虞記云無尸則禮及薦饌皆如初不授祭無大羹湆胾從獻有尸即有大羹湆從獻縱有亦不祭不嚌是不爲神爲尸非盛者也引士虞禮曰大羹湆自門入者證迎尸後乃從獻來也

舉肺脊以授尸尸受振祭嚌之左執之肺氣之主也脊正體之貴者先食啗之所以導食通氣乃食食舉舉言食者明凡解體皆連肉

疏乃食食舉。注舉言至連肉。釋曰乃食謂食肺云食舉謂骨體正脊從俎舉鄉口因名體爲舉凡牲體或七或二十七皆據骨節而言今言食不可空食骨以體皆連肉也

主人羞肵俎于腊北肵俎主於尸主人親羞敬也神俎不親設者貴得賓客以神事其先

疏注肵俎至其先。釋曰云肵俎主於尸者以其入後乃設之故知主於尸主人親進者敬尸故也前神俎使載者設之者欲得尊賓嘉客以事其先故也

尸三飯告

飽祝侑主人拜三飯告飽禮一成也侑勸也或曰又勸之使又食少牢饋食禮侑辭曰皇尸未實侑也佐食舉幹尸受振祭嚌之佐食受加于肵俎舉獸幹魚一亦如之幹長脅也獸腊其體數與牲同〈疏〉注幹長至牲同。釋曰云長脅文出下記也云獸腊其體數與牲同知者亦見下記云腊如牲骨是也尸實舉于菹豆為將食庶羞舉謂肺脊佐食羞庶羞四豆設于左南上有醢庶衆也衆羞以豕肉所以為異味四豆者膮炙胾醢南上者以膮炙為上以有醢不得繹也〈疏〉注庶衆至繹也。釋曰案公食大夫云旁四列西北上膷以東臐膮牛炙炙南醢以西牛胾醢注云先設醢繹之次也此四豆有醢則不得先設非繹之次故也又復一醢不得與胾炙相對相對之法炙在南醢在北胾在北醢南如此見得繹故少牢云韭菹醓醢葵菹蠃醢韭菹在南葵菹在北注云葵菹在北繹又云羞胾兩瓦豆有醢亦用瓦豆設于薦豆之北注云四豆亦繹羊胾在南豕胾在北此皆有醢亦得繹者以其四豆胾醢具相對故鄭皆云繹也尸又三飯告飽祝侑之如初禮再成也舉骼及獸魚如初尸又三飯告飽祝侑之如初禮三成獸魚如初者獸骼魚一也舉肩及獸魚如初不復飯者三三者士之禮大成也舉先正脊後肩自上而卻下綽而前終始之次也【疏】注不復至次也。釋曰云舉先正脊後肩自上而卻下綽而前終始之次也者先舉正脊自上也次舉脅即卻也後舉骼即下綽也終舉肩即前也前者牲體之始後者牲體之終故云終始之次也

佐食盛所俎俎釋三个佐食取牲魚腊之餘盛於所俎將以歸尸俎釋三个爲改饌於西北隅遺之所釋者牲腊則正脊一骨長脅一骨及臑也魚則三頭而已个猶枚也今俗言物數有云若干個者此讀然【疏】注佐食至讀然。釋曰云俎釋三个爲改饌於西北隅遺之所釋者牲腊則正脊一骨長脅一骨乃臑也知者案下記云尸俎右肩臂臑肫骼正脊二骨橫脊長脅二骨短脅今以舉正脊一骨長脅一骨及骼脊脅各一骨在前脚三節後脚二節各舉其一訖前脚舉肩訖宜次盛臂後脚舉骼訖宜次盛肫前後各一節以歸脡脊以其次正脊故也前脚

唯有膞在并脊脅各一骨爲三也舉肺脊加于肵俎反黍稷于其所尸授佐食佐食受而加之反之也肺脊初在俎豆〔疏〕注尸授至俎豆○釋曰經直云肺脊加於肵俎鄭知尸不自加而授與佐食佐食受而加之者約少牢云上佐食受尸牢肺正脊加于肵鄭注云受者尸授之也是云肺脊初在菹豆者上文云尸實舉于菹豆是也主人洗角升酌酳尸酳猶衍也是獻尸也謂之酳者尸既卒食又欲頤衍養樂之不用爵者下大夫也因父子之道質而用角角加人事畧者今文酳皆爲酌〔疏〕主人至酳尸○注酳猶至爲酌○釋曰自此盡入復位論主人獻尸及視佐食之事知是獻尸者下有主婦洗爵獻尸并賓長獻尸故知此是主人酳尸也云不用爵者下大夫也者此決少牢云主人降洗爵酌酒乃酳尸用爵不用角也云因父子之道質而用角角加人事畧者既辟大夫不用爵次當用觚而用角者因無臣助祭父子相養之道而用角者父子是質角加人事畧得用功少故也尸拜受主人拜送尸祭酒啐酒賓長以肝從肝肝炙也今文曰啐之古文無長〔疏〕尸拜至肝從○注肝

肝至無長○釋曰此直言肝從亦當如少牢賓長羞牢肝用俎縮執俎肝亦縮進末鹽在右此亦不言者文不具也尸左執角右取肝擩于鹽振祭嚌之加于菹豆卒角祝受尸角曰送爵皇尸卒爵主人拜尸荅拜曰送爵者節主人拜祝酌授尸尸以醋主人醋報也祝酌不洗尸不親酌尊尸也尸親醋相報之義古文醋作酢〔疏〕注醋報至作酢○釋曰云祝酌不洗者尸當酢主人宜親洗爵酌酒不親洗酌尸尊故也授代酌由祝代酌故不洗也主人拜受角尸拜送主人退佐食授挼祭退者進受爵反位尸亦當為挼將嘏主人佐食授之挼祭亦使祭尸食也其授祭亦取黍稷肺祭今文或皆改妥作挼〔疏〕注退者至作挼○釋曰云挼祭亦使祭尸食也者前祝命尸挼祭祭神食今命主人祭尸食亦如尸祭神食故云亦也云其授祭亦取黍稷肺祭者亦如上佐食取黍稷肺祭授尸尸祭之相似故云亦也主人坐左執角受祭祭之祭酒啐

酒進聽嘏聽猶待也受福曰嘏嘏長也大也待尸授之以長大之福佐食摶黍授祝祝授尸尸受以菹豆執以親嘏主人獨用黍者食之主其辭則少牢饋食禮有焉〔疏〕佐食至主人○注獨用至有焉○釋曰案少牢云祝與二佐食皆出盥于洗入二佐食各取黍於一敦上佐食兼受摶之以授尸尸執以命祝卒命祝祝受以東北面于戶西以嘏于主人但少牢不親嘏者大夫尸尊又大夫禮文此親嘏者士尸卑禮質故也云其辭則少牢饋食禮有焉者案少牢云祝以嘏于主人曰皇尸命工祝承致多福無疆于女孝孫來女孝孫使女受祿于天宜稼于田眉壽萬年勿替引之是也云獨用黍者食之主者案上文云爾黍于席上不云爾稷者以稷雖五穀之長不如黍之美故云食之主是以喪大記云君沐粱大夫沐稷士沐粱士喪禮士沐稻諸侯之士鄭注云差率而上天子沐黍是黍爲穀之貴也主人左執角再拜稽首受復位詩懷之實于左袂挂于季指卒角拜尸荅拜詩猶承也謂奉納之懷中季小也實于左袂挂袪以小指者便

卒角也少牢饋食禮曰興受黍坐振祭嚌之古文挂作卦〔疏〕注詩猶至作卦○釋曰云挂袪以小指者便卒角也但右手執角左手挂袪以小指不下左手言便卒角也者飲酒之時恐其遺落故挂以小指故云便卒角也

主人出寫嗇于房祝以籩受變黍言嗇因事託戒欲其重穡嗇嗇者農力之成功〔疏〕主人至籩受○注變黍至成功○釋曰案少牢云主人出宰夫以籩受嗇黍主人嘗之納諸內此大夫尊不似有入房直見大夫出宰夫以籩受此主人寫嗇于房祝以籩受以其士賤故也云變黍言嗇因事託戒欲其重穡嗇者以黍者五穀之名非農力成功之稱故以黍為嗇欲其重穡嗇故少牢鄭注云收斂曰嗇是用農力之言也

筵祝南面主人自房還時主人酌獻祝祝拜受角主人拜送設菹醢俎行神惠也先獻祝以接神尊之菹醢皆主婦設之佐食設俎〔疏〕注行神至設俎○釋曰此決佐食以佐食接尸故後獻之祝接神先獻之云菹醢皆主婦設之佐食設俎知者前獻尸時菹醢主婦設之亞獻及致爵於主人籩豆亦皆主婦設之則此設菹醢亦主婦可知又知佐食設俎約少牢主人獻祝佐食設俎故

此亦佐食設俎可知祝左執角祭豆興取肺坐祭嚌之興加于俎坐祭酒啐酒以肝從祝左執角右取肝擩于鹽振祭嚌之加于俎卒角拜主人荅拜受角酌獻佐食佐食北面拜受角主人拜送佐食坐祭卒角拜主人荅拜受角降反于篚升入復位疏祝左至復位○釋曰云主人荅拜受角酌獻佐食者案上獻祝有俎此獻佐食不言俎者上經云執事之俎陳於階間二列北上鄭注云執事謂有司以佐食亦在有司內者下記云佐食俎觳折脊脅也又下經賓長獻節鄭注云凡獻佐食皆無從（元缺起字）其薦俎獻兄弟以齒設之若少牢獻佐食俎即設于兩階之間西上大夫將賓尸故即設佐食俎至於賓尸時佐食無俎也主婦洗爵于房酌亞獻尸亞次也次猶貳主婦貳獻不夾拜者士妻儀簡耳疏注亞次至簡耳○釋曰自此盡以爵入于房論

主婦獻尸祝及佐食之事云主婦貳獻不夾拜者士妻儀簡耳者此決少牢主婦亞獻尸時夾拜此士妻下之故云儀簡耳

尸拜受主婦北面拜送北面拜者辟內子也大夫之妻拜於主人北西面

〔疏〕注北面至西面○釋曰案少牢云主婦洗于房中出酌入戶西面拜獻尸鄭注云入戶西面拜由便也不北面者辟人君夫人也拜而後獻者當夾拜也又云尸拜受主婦主人之北西面拜送爵是也若大夫妻貴辟人君夫人士妻賤不嫌得與人君夫人同也

宗婦執兩籩戶外坐主婦受設于敦南兩籩棗栗棗在西

〔疏〕注兩籩至在西○釋曰知者案下記云籩巾以綌也纁裏棗烝栗擇是也知棗在西者依士虞禮云主婦亞獻尸時云自反兩籩棗栗設于會南棗在西鄭云尚棗棗美故知也

祝贊籩祭尸受祭之祭酒啐酒籩祭棗栗之祭也其祭之亦於豆祭

〔疏〕注其祭之亦於豆祭○釋曰知者見上經尸挼祭時云若平取菹擩于醢祭于豆閒又佐食取黍稷肺祭授尸尸祭之不言其處明亦祭於豆閒今此祝贊籩祭之亦不言其處亦祭於豆閒可知又案有司徹云尸取韭菹擩于豆祭

于豆閒又尸取籩蕡宰夫贊者取白黑以授尸尸受兼祭于豆祭是籩豆同祭於豆閒也兄弟長以燔從尸受振祭嚌之反之燔炙肉也【疏】○注燔炙肉也○釋曰云反之者謂反燔于長兄弟羞燔者受加于肵出出者俟後事也【疏】注出者俟後事也○釋曰云俟後事者謂俟主婦獻祝之時更當羞燔于祝如者約上文主人獻尸云賓長以肝從至獻祝時但云以肝從不言其人明亦賓長可知此下文主婦獻祝籩燔從如初儀明獻祝時亦長兄弟羞燔可知故鄭注云俟後事也

尸卒爵祝受爵命送如初送者送卒爵酢如主人儀尸酢主婦如主人儀者自祝酌至尸拜送如酢主人也不易爵辟內子【疏】注尸酢至內子○釋曰云尸酢主婦如主人儀者自祝酌至尸拜送如酢主人也者言此上則如之其異者不並取也謂主人受佐食授自祭之此佐食錯授于地主婦撫之而已是也云不易爵辟內子者以經云酢如主人儀上尸酢主人時不易爵故此主婦受酢亦不易爵可知男女不相襲爵所以今襲爵者辟內子是以少牢云祝受尸爵尸荅拜易爵洗酌授尸主婦拜受爵尸荅拜

是其易爵也 主婦適房南面佐食挼祭主婦左執爵右撫祭祭酒啐酒入卒爵如主人儀撫挼祭示親祭佐食不挼而祭於地亦儀簡也入室卒爵於尊者前成禮明受惠也〔疏〕注撫挼至惠也○釋曰云佐食不挼而祭於地亦儀簡也者少牢大夫妻云上佐食挼祭主婦西面於主人之北受祭祭之此佐食祭於地主婦撫之而已故云亦儀簡云亦者亦前不夾拜也 獻祝籩燔從如初儀及佐食如初卒以爵入于房及佐食如初如其獻佐食則拜主人之北西面也〔疏〕注及佐至面也○釋曰此無正文以佐食北面拜受主婦不宜與佐食同面拜筵又言如初明與主人同西面拜故鄭云拜主人之北西面與內子同 賓三獻如初燔從如初爵止初亞獻也尸止爵者三獻禮成欲神惠之均於室中是以奠而待之〔疏〕賓三至爵止○注初亞至待之○釋曰自此盡卒復位論賓長獻尸及佐食并主人主婦致爵之事此一科之內乃有十一爵賓獻尸一也主婦致爵于主人二也主人酢主婦三也主人致

爵于主婦四也主婦酢主人五也尸舉奠爵酢賓長六也賓長獻祝七也又獻佐食八也賓又致爵于主人九也又致爵于主婦十也賓獻主人酢十一也云初亞獻也者知不初獻者以主婦亞獻承初獻後賓長又承亞獻後故知如亞獻不得如初獻也又面位及燔從皆如亞獻也云三獻禮成欲神惠之均於室中是以奠而待之者謂尸得三獻而禮成言其賓飲三爵祝與佐食亦得三獻主人主婦各得一酢而已未得獻是神惠未均奠而待之者待主人主婦致爵乃均也案下文衆賓長爲加爵如初爵止鄭注云尸止爵者欲神惠之均于在庭止得一獻亦言均則不以爵數爲均直據得一獻則爲均也

席于戶内爲主人鋪之西面席自房來

主婦洗爵酌致爵于主人主人拜受爵主婦拜送爵主婦拜拜於北面也今文曰主婦洗酌爵〔疏〕注主婦至酌爵○釋曰云主婦拜拜於北面也者約有司徹儐尸於堂主婦致爵于主人主人致爵于主婦北面于阼階上荅拜是也

宗婦贊豆如初主婦受設兩豆兩籩初贊亞獻也主婦薦兩豆籩東面也〔疏〕注初贊至面也○釋曰上主婦亞獻時但云宗婦執

兩籩又云祝贊籩祭無豆此云贊豆如初明贊豆之時與贊籩同故得言如初知東面者以主人西面故知也俎入設佐食設之〔疏〕俎入設○注佐食設之○釋曰知佐食設之者見有司下大夫不儐尸者主婦致爵於主人時佐食設俎彼室內行事與士禮畧同故鄭約之知佐食設之也主人左執爵祭薦宗人贊祭奠爵興取肺坐絕祭嚌之興加于俎坐捝手祭酒啐酒絕肺祭之者以離肺長也少儀曰牛羊之肺離而不提心豕亦然捝拭也捝手者爲絕肺染汙也刌肺不捝手古文捝皆作說〔疏〕注絕肺至作說○釋曰引少儀者彼注云提猶絕也不絕中央少許者引之證離肺長而不絕故須絕之云忖肺不捝手者以已斷絕取祭之不須以手絕之故不捝手也肝從左執爵取肝擩于鹽坐振祭嚌之宗人受加于俎燔亦如之興席末坐卒爵拜於席末坐卒爵敬也一酌而備再從而次之示均〔疏〕注於席至示均○釋曰此決上主人獻尸賓長以肝從主

婦獻尸兄弟以燔從今一酌而肝燔從則與尸等故云亦均亦者亦上酒均於堂內主婦荅拜受爵酌醋左執爵拜主人荅拜坐祭立飲卒爵拜主人荅拜主婦出反于房主人降洗酌致爵于主婦席于房中南面主婦拜受爵主人西面荅拜宗婦薦豆俎從獻皆如主人主人更爵酌醋卒爵降實爵于篚入復位主人更爵自酢男子不承婦人爵也祭統曰夫婦相授受不相襲處酢不易爵明夫婦之別古文更爲受

【疏】注主人至爲受○釋曰云主人更爵自酢男子不承婦人爵也者案上主婦獻尸尸酢主婦不易爵鄭注云辟內子致爵于主人則易爵也若然案下記設洗篚在洗西實二爵鄭注云二爵者爲賓獻爵止主婦當致也此賓長所獻爵尸舉之未舉其篚唯有一爵得云易者上主婦亞獻洗爵洗爵于房中則房中有爵又主婦獻祝及佐食訖以爵入于房後主婦致爵于主人還是房內爵

後主人致爵于主婦者，是下篚之爵，主婦飲訖，實于房中之篚，主人更取房内之爵以酌酢，酢訖，與于下篚。云「主人更爵」者，謂酌酢爵與房内爵相更。鄭注下記云「主婦當致」者，謂主人致爵於主婦，則用下篚内爵也。

三獻作止爵。賓也。謂三獻者，以事命之。作，起也。舊說云：賓入戶北面曰「皇尸請舉爵」。

尸卒爵酢。酌獻洗及佐食洗爵，酌致于主人主婦，燔從皆如初。更爵酢于主人，卒復位。洗乃致爵，爲異事新之。燔從皆如初者，如亞獻及主人主婦致爵也。凡獻佐食皆無從，其薦俎獻兄弟以齒設之。賓更爵自酢，亦不承婦人爵。今文曰洗致，古文更爲受。

【疏】注「洗乃」至「爲受」。○釋曰：此決上文賓獻尸、獻祝及佐食皆不洗，今致于主人洗，故決之也。案下篇不儐尸洗爵致于主人，注云「以承佐食賤新之」，此云「爲異事新之」，注不同者，但爲異事，異事則是承賤，承賤後則事異，言雖不同，理則一也。云「燔從皆如初者，如亞獻及主人主婦致爵」者，謂如上主婦亞獻尸及祝皆燔從，此言皆燔從如初，故云如亞獻及主人主婦致爵。雖云如初，則無肝從，故經釋云燔從皆如初。云「凡獻佐食皆無從」者，謂主人主婦及賓長獻佐食皆無從故云凡鄭言此者以經獻祝及佐食洗爵致于主人主婦燔從皆如初在獻佐食下嫌獻佐食亦然有燔從故鄭辨之若然佐食得獻與祝得獻同亦得如初但無從爲異云其薦俎獻兄弟以齒設之者以上佐食得獻時不見有設薦俎之文下記云佐食於旅也齒於兄弟故佐食薦俎亦與兄弟同時設之也

主人降阼階西面拜賓如初洗拜賓而洗爵爲將獻之如初如視濯時主人再拜賓荅拜三拜衆賓衆賓荅再拜者〔疏〕主人至初洗○注拜賓至拜者○釋曰自此盡賓爵于篚論獻賓及衆賓之事也

賓辭洗卒洗揖讓升酌西階上獻賓賓北面拜受爵主人在右荅拜就賓拜者此禮不主於尊也賓卑則不專階主人在右統於其位今文無洗

〔疏〕賓辭至荅拜○注就賓至其位○釋曰云就賓拜者此禮不主於尊也者案鄉飲酒鄉射賓主獻酢各於其階至酬乃同階此因祭如初賓非爲尊之所尊者謂尸也又賓是士家有司卑不得專階故就之使不得專階也對鄉飲酒鄉射得專階也云主人在右統於其位者以其賓得在西階上北面以東爲右主人位在阼階故云統於其位鄭言此者

主人就西階異於飲酒主人在右則與飲酒禮同以言主人常居右也薦脯醢設折俎凡節解者皆曰折俎不言其體畧云折俎非貴體也上賓骼衆賓儀公有司設之〔疏〕薦脯醢設折俎○注凡節至設之○釋曰案下記云賓骼鄭云骼左骼也賓俎全體尊賓也折骨而曰折俎明凡節解牲體皆曰折折升于俎故名折俎與臑折同名其折義則異彼折骨云不言其體畧云折俎非貴體也者案下記云賓骼骼是牲體此經云折俎者亦用骼非貴體也故畧云折俎若然經尸俎祝佐食及主人主婦俎體皆不言之而鄭注獨云賓俎不言體者尸祝等經不言牲體亦不言折以其體貴故也此賓俎不言牲體而言折明非貴體也云上賓骼衆賓儀者案下記唯云賓骼其衆賓已下皆殺脅不言儀者鄭見有司徹主人獻賓儀司士設俎羊骼一又云衆賓長拜受爵其脅體儀也注云儀者尊體盡儀度餘骨可用而用之尊者用尊體卑者用卑體而已是也云公有司設之者此即有司徹云司士設俎羊骼一衆賓脅體儀是也此下文云公有司在門西則此設俎者也賓左執爵祭豆奠爵興取肺坐絶祭嚌之興加于俎坐捝手祭酒卒爵

拜主人荅拜受爵酌酢奠爵拜賓荅拜主人酌自酢者賓不敢敵主人主人達其意〔疏〕注主人至其意○釋曰云賓不敢敵主人主人達其意者以其賓是士之有司之中以卑不敢與主人爲敵酢之是以主人酌以自酢達賓意故也若鄉飲酒鄉射賓皆親酢主人以其賓尊行敵禮故也主人坐祭卒爵拜賓荅拜揖執祭以降西面奠于其位位如初薦俎從設位如初復其位東面少牢饋食禮宰夫執薦以從設于祭東司士執俎以從設于薦東是則皆公有司爲之與〔疏〕注位如至之與○釋曰以賓位在西階下東面今受獻於西階上經云執祭以降西面奠于其位又言位如初明復西階下東面位可知也衆賓升拜受爵坐祭立飲薦俎設于其位辯主人備荅拜焉降實爵于篚衆賓立飲賤不備禮鄉飲酒記曰立卒爵者不拜既爵備盡盡人之荅拜尊兩壺于阼階東加勺南枋西方亦

如之為酬賓及兄弟行神惠不酌上尊卑異之就其位尊之兩壺皆酒優之先尊東方示惠由近禮運曰澄酒在下

〔疏〕尊兩至如之○注為酬至在下○釋曰自此盡揖復位論堂下設尊酬賓之事云行神惠不酌上尊卑異

之者決上文獻賓及兄弟皆酌上尊者獻是嚴正故得與神
靈共尊至此旅酬禮褻故不敢酌上尊案司尊彝職四時之
祭云皆有罍諸臣之所酢少牢上下大夫堂下皆無尊者士
卑得與人君同大夫尊辟人君故也云兩壺皆酒優之者設
尊之法皆有玄酒今兩壺皆酒無玄酒優之也案玉藻云唯
饗野人皆酒鄭云飲賤者不備禮與此注無玄酒為優之異
者此士之祭禮欲得尊賓嘉客以事其先非賤者故以皆酒
為優之彼饗野人野人是賤者故以不備禮解之也云先尊
東方示惠由近者東方主人位西方賓位今先設東方乃設
西方者見酒由主人來故云示惠由近為始也引禮運者彼
注澄為沈齊酒是三酒酒所以飲
諸臣證此壺尊亦飲在下者也

主人洗觶酌于西方之尊西階前北面酬賓賓在左先酌西方者尊賓之義

主人奠觶拜賓荅拜主人坐祭卒觶拜賓荅

拜主人洗觶賓辭主人對卒洗酌西面賓北面拜西面者鄉賓位立於西階之前賓所荅拜之東北〔疏〕注西面至東北○釋曰以經云主人對卒洗酌西面賓北面拜主人西面授賓北面荅拜明主人之得南過於賓故鄭以義言之云立於西階之前賓所荅拜之東北也主人奠觶于薦北奠酬於薦左非為其不舉行神惠不可同於飲酒〔疏〕注奠酬至飲酒○釋曰以其神惠右不舉生人飲酒左不舉今行神惠不可同於飲酒故奠於左與生人相變故有司徹云二人舉觶酬尸侑侑奠觶于右鄭注云奠于右者不舉也神惠右不舉變於飲酒是也此酬奠於薦左下文賓舉爲旅酬以其神惠故也言不可同飲酒者謂不可同於鄉飲酒故鄉飲酒記云將舉者於右奠者於左其義與此別此下文奠觶於薦南明將舉以初在北飲酒將舉奠於薦南便其復舉賓坐取觶還東面拜主人荅拜賓奠觶于薦南揖復位還東面就其位薦西奠觶薦南明將舉〔疏〕賓坐至復位○注還東至將舉○釋曰云揖復位者則初奠時少南於位可知云還東面者則

初賓坐取觶薦東西面可知故鄭注云還東面就其位薦西也

主人洗爵獻長兄弟于阼階上如賓儀

酬賓乃獻長兄弟者獻之禮成於酬先成賓禮此主人之義亦有薦胥設于位私人為之與

〔疏〕主人至賓儀○注酬賓至之與○釋曰自此盡如衆賓儀論主人獻長兄弟及衆兄弟之事云酬賓乃獻長兄弟者獻之禮成於酬者以其獻賓之禮以酬酬副之乃禮成故冠禮云乃禮賓以一獻之禮鄭注云獻酢酬賓主人各兩爵而禮成又鄉飲酒獻及酬賓訖乃獻介又此文獻賓即酬賓乃獻兄弟故鄭注獻之禮成於酬也云亦有薦胥設于位者以經云獻長兄弟于阼階上如賓儀則長兄弟初受獻于阼階上時亦薦脯醢設折俎於阼階上祭訖乃執以降設于下位皆當如賓儀鄭下注云設薦俎於其位者據執祭以降及其位而言也言亦者亦賓鄭必知有薦俎者見於下記云長兄弟及宗人折是也云私人為之與者私人者即私臣下記云私臣門東北面西上是也以賓薦公有司設之則兄弟薦俎私人可知以無正文故言與以疑之也

洗獻衆兄弟如衆賓儀

獻卑而必為之洗者顯神惠此言如衆賓儀則如獻衆賓洗明矣

〔疏〕注獻卑至明矣○釋曰云

此言如衆賓儀則如獻衆賓洗明矣者以其上獻衆賓時雖不言洗此云洗獻衆兄弟如衆賓儀明獻衆賓洗可知不言之者舉下以明上省文之義故也

洗獻內兄弟于房中如獻衆兄弟之儀內兄弟內賓宗婦也如衆兄弟如其拜受坐祭立飲設薦俎於其位而立內賓其位在房中之尊北不殊其長畧婦人者也有司徹曰主人洗獻內賓於房中南面拜受爵

〔疏〕○洗獻至之儀○注內兄至受爵○釋曰自此盡入復位論主人獻姑姊妹及宗婦之事云內賓宗婦也者此揔云內兄弟下記云內賓宗婦綦彼注云內賓姑姊妹宗婦族人之婦若然兄弟者服名故號婦人為兄弟也云其位在房中之尊北者案下記云尊兩壺于房中西墉下南上內賓立于其北東面南上宗婦北堂東面北上是也云不殊其長畧婦人者決上文獻賓於西階上獻兄弟於阼階上皆殊其長此不殊故云畧之引有司徹者欲見此內賓受獻時亦南面拜受爵故下注云內賓之長亦南面荅拜言亦者亦前受獻時前雖無文約有司徹內賓之長亦南面荅拜

主人西面荅拜

更爵酢卒爵降實爵于篚入復位爵辨乃自酢以初不殊其

長也內賓之長亦南面荅拜〔疏〕注爵辯至荅拜○釋曰云爵辯乃自酢以初不殊其長也者對上賓與長兄弟不得獻衆賓衆兄弟偏主人先自酢也云內賓之長亦南面荅拜者獻時不殊其長酢時猶如賓及兄弟殊其長與男子同男子婦人衆賓以下皆無酢也

長兄弟洗觚爲加爵如初儀不及佐食洗致如初無從大夫士三獻而禮成多之爲加也不及佐食無從殺也致致於主人主婦〔疏〕長兄至無從○注大夫至主婦○釋曰此一經論士三獻之外爲加獻尸之事云如初儀者如賓長三獻之儀但賓長獻十一爵此兄弟之長加獻則降唯有六爵以其闕主人主婦致爵并酢四爵及獻佐食五唯有六在者洗觚爲加獻一也尸酢長兄弟二也獻祝三也致爵於主人四也致爵於主婦五也受主人酢六也云大夫士三獻而禮成者天子大祫十有二獻四時與禘唯有九獻上公亦九獻侯伯七獻子男五獻卿大夫士畧同三獻而祭禮成也是以多之者爲加若主人飲酒禮卿大夫三獻士唯一獻而已祭禮士與大夫同者攝盛葬奠亦與[illegible]大夫同少牢五鼎又乘車建旜亦與卿大夫同也

衆賓長爲加爵如初爵止尸爵止者

欲神惠之〔疏〕衆賓至爵止○注尸爵至在庭○釋曰庭賓均於在庭及兄弟雖得一獻未得旅酬其已得三獻又別受加爵故停之使庭行旅酬是以云尸爵止者欲神惠之均於在庭也

儀禮疏卷第四十五

元缺第六葉今補

大清嘉慶二十年重栞
宋本十三經注疏附校勘記

江西督糧道王賡言廣豐縣知縣阿應鱗栞

儀禮注疏卷四十五挍勘記　阮元撰盧宣旬摘録

宗人執畢先入

宗人則執畢導之　導釋文作道云音導

乂以畢臨匕載　乂徐本作乂與述注合集釋通解楊氏毛本俱作又匕釋文作朼張氏曰監本匕誤作上從諸本○按上字因匕而誤疏亦作匕唯釋文作朼張氏佟遵釋文而此不從朼何耶

三尺刋其本與末　徐本集釋通解楊敖同毛本三上有長字

畢以御他神物　以徐葛集釋俱作以與述注合毛本以作似

虞喪祭祭也　徐本同與述注合葛本集釋楊敖俱作虞喪祭也毛本作虞者祭也

主人未執事　張氏曰監本未誤作求從諸本

有捄天畢　捄陳閩監本俱作求天閩監俱誤作夫

义以畢臨　要義同通解毛本义作叉下同

以經言宗人執畢先入　陳閩通解同毛本畢作事

備失脫也者　通解同毛本無失字

棘心匕刻是也　通解同毛本匕作已○按作匕與記文合

畢以御他神物也　陳閩要義同毛本以作似閩本他誤作也

舊說如此　要義同毛本如作知

破舊說之意也　要義同毛本破作彼○按破是也

云虞喪祭祭也　要義同毛本不重祭字

則祔已執事執事用桑义　要義同毛本已作以執事二字不重

則雜記所云是也　要義同毛本是作事○按是是也

贊者錯俎加匕

東柄　柄釋文集釋楊氏俱作枋敖氏作柄陸氏曰枋本亦作柄

佐食升肵俎

肵謂心舌之俎也　肵下集釋敖氏俱有俎字

實於牲鼎　通解要義同與記文合毛本無於字

卒載加匕于鼎　毛本于誤作去

主人升入復位

知載人設俎者　陳閩通解同毛本人作入

豕俎入設於豆東　通解要義同毛本無俎字

主婦設兩敦黍稷于俎南○及兩鉶芼　唐石經重鉶字張氏曰監本云及兩鉶鉶

芼多一鉶字從諸本

主婦洗于房中　要義同毛本洗下有爵字

拜獻尸　要義同毛本拜作升○按有司徹是拜字

主婦設二鉶與糗脩　毛本與誤作于

祝洗酌奠○立于戶西南面　唐石經徐本集釋通解要義楊敖同毛本無戶字

遂命佐食佐食啓會乃奠者　通解要義同毛本佐食二字不重出

主人再拜稽首

當爲主人釋辭於神也　陳閩監葛通解俱脫人字又神誤作主

祝迎尸于門外

凡平賓客　毛本平誤作來

主人降

疑於君字 通解要義同毛本疑上有則字○按祭統有則字

皆取於同姓之適孫 通解要義同毛本無於字○按祭統注有於字

有出廟門 要義同通解毛本無有字○按有字疑當作者屬上句

主人有君是是厭臣之義 通解毛本無是是二字要義是是作是君○按當云主人是君是有厭臣之義

尸入門左北面盥

見上經陳盥在門右 通解同毛本上作土

尸至于階

祝從主人升自阼階 毛本阼誤作祚

尸荅拜

孝孫某圭爲孝薦之饗　毛本主作圭嚴本作主張氏曰監本主作圭從監本○按少牢疏引此注爲下有而字

以其改哀云孝　陳閩通解要義同毛本云作爲

祝命挼祭○右取菹擩于醢　釋文無于字與注合按公食大夫擩于醢注云今文無于此經不疊今文古文是今古俱無于也又公食有于字故注但釋擩義云擩猶染也此經無于字故注補之云擩醢者染於醢

士虞禮古文曰　徐本集釋通解楊氏同毛本士作古

祝命佐食墮祭　墮集釋作隋下同張氏曰注曰士虞禮古文曰祝命佐食墮祭周禮曰既祭則藏其墮按釋文釋挼祭云音墮後隋祭挼祭皆放此後少牢饋食禮經曰墮祭爾敦按釋文亦作隋許規反下同注又曰挼讀爲墮按釋文音綏字注云隋亦放此有司注曰挼讀爲藏其墮之墮按釋文音綏字注云并注挼及墮音許恚

反後放此然則三篇之墮皆隋字也與周禮守祧之文合
至于士虞禮之墮祭與舉周禮之文釋文于彼自作墮並
從釋文○按墮祭當槩作隋祭釋文字例雜糅張氏曲從
之非是

隋與挼讀同耳今文改挼皆爲綏古文此皆爲挼祭也 下十
五字毛本脫徐本集釋楊氏俱有通解無周學健云士虞
禮尸取奠節疏引此注有○按士虞疏引此注挼祭作擩
祭故有五字不同之説

云今文改挼皆爲綏 要義同毛本綏作餒

欲見擩下有祭無醢 要義同毛本擩作挼○按擩卽擩
之俗字挼祭擩醢本屬兩事疏恐人誤溷故特辨之説文云擩染也周禮六曰擩祭然則
挼祭之挼與擩醢之擩本俱作擩此節經文擩醢注中
挼祭宜皆改作擩

故疊之而不從也 要義同毛本疊作壘

云挼醢者染於醢 毛本挼誤作捼於誤作欲按疏意擩祭之擩當爲捼擩醢之擩則爲擩未知果鄭意否

佐食取黍稷肺祭授尸

祭酒穀味之芬芬者 集釋楊氏毛本同張氏曰注曰祭酒穀味之芳芳者按監本作芬芬從監本○按徐鍾亦俱作芬芬張氏所據之嚴本獨作芳芳

告之美 美上楊氏有以字

主人主婦祭 通解毛本婦下祭上有此經云肺四字

祭鉶嘗之

不合絮調之義 通解毛本作絮者調和之義

不調以鹽菜 毛本通解不上有則字

祝命爾敦佐食爾黍稷于席上　黍唐石經初刻作稷

設大羹湆于醢北

士虞禮大夫羹湆　陳閩通解俱無夫字要義有

佐食舉幹

云長脅　陳閩監本同毛本通解云下有幹字

文出下記也云　毛本也作下通解無

佐食羞庶羞四豆

膷以東　毛本通解膷誤作鄉

臐膮牛炙　通解同毛本臐作纁○按公食大夫禮作臐

醢南　毛本通解醢下有在字

葵菹在北 毛本通解北下有綪字

故鄭皆云綪也 鄭下衍云字通解併無皆字

舉骼及獸魚如初 毛本骼誤作酪

佐食盛肵俎 肵徐本作所誤

有云若干個者 徐本集釋俱有云字通解毛本無集釋無者字

牲腊 牲閩本誤作特

今尸舉正脊一骨也 陳閩通解同毛本尸作以○按尸是

及骼脊脅各一骨在下 陳閩通解骼下俱有肩則二字各下俱有有字

舉肺脊

肺脊初在俎豆 徐本閩集釋通解楊氏毛本俎俱作菹張氏曰注曰肺脊初在俎豆按疏作菹豆經

上文云尸實舉于菹豆注云舉謂肺脊今自菹豆加于肵俎也從疏○按此本述注作菹標目仍作俎毛本則與此相反要以菹爲正

授之也是　當作授之是也

云肺脊初在菹豆者　毛本菹作俎通解作菹下菹豆同　按菹是也

主人洗角

謂之酳者　徐本集釋楊氏同通解謂之作云

又欲頤衍養樂之　徐陳集釋通解楊氏同毛本欲作却

今文酳皆爲酌　錢大昕曰少牢士虞注並云古文酳爲酌特牲注今文亦當爲古文之譌

故知此是主人酳尸也　浦鏜云酳當獻字誤

加人事略者　此本通解加上俱重角字毛本不重

尸拜受

今文曰啐之古文無長 上五字毛本脱徐本集釋俱有案古文徐本誤作古又嚴鍾俱不誤通解此節無注

肝亦縮進末 陳本通解同毛本末作米

祝酌授尸

尊尸也尸親醋相報之義 下七字毛本脱徐本集釋楊氏俱有通解無

主人拜受角○佐食授挼祭 張氏曰注云妥亦當爲挼又云今文或皆改妥作挼則經文挼蓋妥字也從注○按士虞疏所舉五字獨不及妥大抵挼擩綏妥四字古今文旣參差不一今本又復淆譌不可致詰

進受爵反位妥亦當爲挼 下五字毛本脱徐本集釋俱有楊氏作受亦當爲挼通解無

佐食授之挼祭 挼徐本作妥集釋通解楊氏俱作挼

今文或皆改妥作挼 毛本作古文挼作綏徐本集釋俱作今文或皆改妥作挼與此本標目合通解無

亦如上佐食取黍稷肺祭授尸 陳本通解同毛本授作挼

佐食摶黍授祝

宜稼于田 通解同毛本稼誤作嫁○按少牢作稼是也

天子沐黍 要義同毛本無沐字○按有沐字與喪大記注合

主人左執角

季小也 小釋文作少云詩召反下同○按要義載注亦作少載疏仍作小

嚌之古文挂作卦 下五字毛本脫徐本集釋要義俱有與此本標目合通解無

但右手執角左手挂袪以小指 陳閩要義同毛本右左互倒監本俱作左

不干左手 干陳閩監本通解俱作于

主人出

此大夫尊 毛本尊誤作爭

不似有入房 當作不自入房

收斂曰嗇 毛本收作秋○按少牢注作收

主人酌獻祝

此汝佐食 毛本汝作女○按此句疑有譌脱浦鏜改女爲先亦未是

祝左執角

佐食俎觳折脊脅也 觳陳閩俱作獻○按獻字非也下記文作觳

主婦洗爵于房酌亞獻尸 毛本酌誤作祝

祝贊籩祭

若平取菹擩于醢　浦鏜云右手誤若平經無手字

酢如主人儀

自祝酌至尸拜送　酌要義作獻

云不易爵辟內子者　爵辟二字毛本誤倒

賓三獻如初

三獻禮成　集釋無此四字

席於戶內

爲主人鋪之　按前經祝筵几於室中注云爲神敷席也陸氏曰本又作鋪後同然則此鋪釋文亦作敷

俎入設

時佐食設俎　毛本時作待陳本通解俱作時屬上句

主人左執爵祭薦

刌肺不挩手　集釋同毛本刌作忖

云忖肺不挩手者　毛本挩作拭陳閩通解俱作挩按挩字是

以已斷絶　毛本以下有其先二字通解同毛本

肵從

示均　示徐本楊氏俱作示與此本標目合集釋通解毛本俱作亦盧文弨云示非疏甚明

主婦出反于房

古文更爲受　徐本集釋同毛本古文更作今文授

上主婦亞獻洗爵洗爵于房中　要義同毛本通解洗爵二字不重出

則用下篚內爵也內下陳閩通解俱有之字

三獻作止爵

賓入戶北面曰徐陳集釋楊敖同毛本通解戶作尸

尸卒爵酢酌獻洗及佐食徐本同集釋通解楊敖毛本洗俱作祝張氏曰經曰獻洗及佐食巾箱杭本洗作沉監本作祝從監本○復位毛本復誤作二

亦不承婦人爵今文曰洗致古文更爲受下十字毛本脫徐本集釋俱有與此本標目合通解無

尸及祝皆燔從此言皆燔從如初毛本無此言皆燔從五字

主人降阼階

如初如視濯時徐本集釋楊敖同毛本通解無下如字

賓辭洗

統於其位今文無洗 下四字毛本脱徐本集釋俱有通解無按疏標目無

薦脯醢

公有司在門西 通解同毛本無公字

賓左執爵祭豆 左唐石經作佐誤

以其賓尊行敵禮故也 毛本敵禮誤作二千

主人坐祭卒爵拜

今受獻於西階上 通解同毛本今作令

尊兩壺於阼階東

皆有元酒 通解要義同毛本元作大

故云示惠由近爲始也 毛本爲誤作二

主人奠觶拜

明主人之得南過於賓 毛本通解之作不

主人奠觶于薦北

生人飲酒左不舉 毛本生作主陳本通解要義俱作生下同

侑奠觶於右 奠上通解要義俱重侑字毛本不重○按依有司徹奠上當有侑字

主人洗爵

論主人獻長兄弟及衆兄弟之事 毛本衆誤作長

洗獻衆兄弟 毛本無衆字唐石經徐本集釋通解楊敖俱有石經考文提要云疏述經明有衆字

此言如衆賓儀 本作獻儀徐陳集釋通解楊氏俱作儀與疏合毛

則如獻衆賓洗明矣 如集釋作知按作知是也觀疏自明疏述注亦誤作如字通解無獻字

以其上獻衆賓時 通解同毛本上作士

洗獻内兄弟于房中

其位在房中之尊北 徐本集釋楊敖同通解毛本無其字

尊兩壺于房中西墉下 毛本墉作牖陳本通解要義俱作墉○按當作墉

長兄弟洗觚爲加爵

并酢四爵 酢要義作酬

天子大祫十有二獻 要義同毛本通解二作三

祭禮士與大夫同者 與通解要義俱作與下同毛本作於

衆賓長爲加爵

欲神惠之均於在庭也陳閩通解要義同毛本於在二字倒

儀禮注疏卷四十五挍勘記終

奉新余成教挍

傳古樓景印